SUSANNE HÜHN

Fantasiereisen zu Oasen der Stille

Schirner Verlag

Wir verzichten auf das Einschweißen unserer Bücher – **UNSERER UMWELT ZULIEBE!**

ISBN Printausgabe 978-3-8434-1294-0
ISBN E-Book 978-3-8434-6041-5

Susanne Hühn:
Fantasiereisen
zu Oasen der Stille

Umschlag: Murat Karaçay, Schirner,
unter Verwendung von # 161083583
(© wongwean), www.shutterstock.com
Layout: Simone Fleck, Schirner
Lektorat: Claudia Simon, Schirner
Printed by: Ren Medien GmbH,
Germany

www.schirner.com

13. Auflage Januar 2019

Inhalt

Vorwort

Liebe Leserin, lieber Leser, haben auch Sie viel zu wenig Zeit für sich? Würden Sie dennoch gern meditieren, weil Sie wissen, dass es Ihnen guttun würde? Brauchen Sie deshalb kurze, funktionierende innere Bilder, die Sie dazu nutzen können, in verschiedenen Bereichen geistig freier und entspannter zu werden?

Ich möchte Ihnen mit diesem Buch eine Art geistige Wohlfühlapotheke geben, nichts Aufregendes, nur ein paar innere Bilder, die Sie anwenden können, wenn der Alltag Sie wieder einmal zu überwältigen droht. Ich biete Ihnen hier innere Reisen, klare innere Bilder, die Sie leicht lesen und sich merken können. Sie finden in den Meditationen kraftvolle Szenen, mit denen Ihr Unterbewusstsein klare Anweisungen zu den verschiedensten Situationen erhält.

Für diejenigen, die sich schon länger mit spirituellen Themen beschäftigen und tiefer gehende innere Bilder brauchen, gibt es ein paar ausführlichere Meditationen und Hilfestellungen. Und ich werde – aber das braucht Sie nicht zu interessieren – die liebevollsten Energien, die mir zur Verfügung stehen, mit in die Meditationen hineinweben. Die Engel, über die ich hier ganz sicher nicht schreiben werde, sind also dennoch bei Ihnen und begleiten Sie durch dieses Buch hindurch. Natürlich haben Sie keine Zeit, sie zu spüren – aber manchmal, für kurze Augenblicke, werden Sie sie vielleicht doch wahrnehmen.

In den Meditationen werde ich Sie mit »Du« anreden, weil sie so viel leichter zu beschreiben sind. Darf ich Sie also einladen, angenehme Musik aufzulegen, eine Duftkerze anzuzünden, es sich bequem zu machen, die Augen zu schließen und den inneren Bildern zu folgen, die ich Ihnen auf den nächsten Seiten geben möchte? Ich freue mich sehr, Sie auf Ihrem Weg zu sich selbst ein kleines Stück begleiten zu dürfen!

Falls Sie diese Fantasiereisen als Therapeut oder Kursleiter nutzen, so verlängern Sie den Eingangs- und Ausgangsteil entsprechend. Hier gebe ich Ihnen ein Textbeispiel, das Sie vielleicht verwenden möchten. Ich bin sicher, Sie haben Ihre eigenen Methoden, das ist nur eine Anregung.

Anfangstext zur Entspannung

Das Lichtatmen kann schon eine eigene, kleine Meditation sein, lassen Sie einfach den Teil mit der Treppe weg, und holen Sie Ihre Teilnehmer nach einer kurzen Weile zurück.

> Setze oder lege dich bequem hin. Es gibt nun nichts mehr für dich zu tun. Du darfst loslassen, sein, wie du gerade bist. Dein Atem darf kommen und gehen, wie es ihm gefällt, dein Körper, deine Gefühle und Gedanken dürfen sein, wie sie

gerade sind. Du brauchst niemandem zu gefallen, du tust das ganz allein für dich.

Du erlaubst nun der Außenwelt, sich für eine Weile ohne dich weiterzudrehen, und richtest deine Aufmerksamkeit nach innen, auf deine Innenwelt. Es ist so wichtig, nach innen zu lauschen und dich selbst wahrzunehmen. Hier findest du die Kraft, mit der du in der Welt Dinge in Bewegung setzen kannst.

Du spürst, wie du nach und nach loslassen kannst. Du seufzt wohlig auf, denn es gibt nichts mehr zu tun. Alles an dir darf sein, wie es ist, mit allen Empfindungen, die in dir leben, allen Wünschen und Träumen, die durch dich gelebt werden wollen. Vielleicht wird dein Atem bereits ein wenig ruhiger und tiefer, vielleicht fühlst du deinen Körper nicht mehr richtig, er wird schwer oder ganz leicht. Deine Gedanken ziehen an dir vorbei wie Wolken am Himmel. Du nimmst deine Gefühle wahr, auch sie ziehen an dir vorbei. Tiefer und tiefer sinkst du in dich selbst hinein, tiefer und tiefer wird dein Atem, du kommst mehr und mehr in dir selbst an.

Nun erscheint vor deinem inneren Auge ein wunderbar funkelndes, farbiges Licht, eine glitzernde Wolke aus Lichtstrahlen. Sie hüllt dich ein, verbindet sich knisternd mit deiner Aura, nährt, reinigt, entspannt und heilt dich überall da, wo du es brauchst.

Du beginnst, das Licht beim Einatmen in dich aufzunehmen. Es fließt überall dahin, wo es gebraucht wird. Beim Ausatmen kannst du nun alten Ballast loslassen. Das farbige Licht fließt in all deine Zellen, durchströmt deine Organe, deine Wirbelsäule, heilt, reinigt und entspannt dich. Du fühlst dich so entspannt und frei wie schon lange nicht mehr. Du lässt noch ein wenig mehr los, die Außenwelt versinkt, und du spürst nur noch dich, deine Empfindungen, deine inneren Bilder. Du erlaubst dir, zu fühlen, was du fühlst, und zu wissen, was du weißt. Es gibt nun nichts mehr zu tun, du darfst dich ausruhen, entspannen und dich selbst spüren.

Hier könnte die Meditation schon zu Ende sein. Dann nutzen Sie den Ausgangstext. Falls Sie eine der hinten beschriebenen Traumreisen nutzen wollen, führt folgender Text in die Reise hinein.

Das Bild einer Treppe erscheint vor deinem inneren Auge. Sie führt nach oben oder nach unten, und du bekommst Lust, hinauf- oder hinabzusteigen, Stufe für Stufe. Du lässt alles hinter dir, während du die Treppe betrittst. Wenn dich nun noch etwas festhält, stelle dir vor, wie du es in ein kleines Päckchen verpackst und auf eine Stufe legst. Du kannst es nachher wieder mitnehmen, wenn du es dann noch willst.

Frei und unbeschwert gehst du nun die Treppe weiter, Stufe für Stufe, du wirst immer entspannter und gleichzeitig wacher und frischer. Deine Wahrnehmung dehnt sich aus, und es ist, als hättest du keinen Körper mehr, als wärest du verbunden mit all dem Wissen, das deine Seele in sich trägt, verbunden mit dem Wissen des ganzen Kosmos, verbunden mit allen Engeln, mit der göttlichen Kraft. Bitte deinen Schutzengel oder ein anderes liebevolles Wesen, das dich begleitet, auf dieser Reise dein Führer zu sein, dir das zu zeigen, was heute für dich wichtig ist.

Du bist nun am Ende der Treppe angelangt, und da ist eine Tür. Sie lässt sich ganz leicht öffnen. Du trittst hindurch und befindest dich in einer wundervollen Landschaft, einer Landschaft, wie du sie leuchtender und gesünder noch nie gesehen hast. Glücklich schaust du dich um, und es ist, als seiest du nach Hause gekommen. Die Landschaft scheint dir zutiefst vertraut zu sein, auch wenn du sie noch nie gesehen hast.

Hier fügen Sie die Traumreise an, die Sie Ihrer Gruppe vorstellen möchten.

Ausgangstext nach der Reise

Ganz leicht findest du nun den Weg zurück zu der Treppe, und du beginnst, die Stufen hinauf- oder hinunterzugehen, je nachdem, wohin sie dich führen. Wachheit, Klarheit und Frische durchströmen dich. Du bekommst Lust, dein Leben tatsächlich zu leben, deine Energie auf die Erde zu bringen.

> Du weißt plötzlich, was du tun willst, und du gehst freudig die Treppe zurück in deinen Alltag. Du beginnst, deinen Körper zu bewegen, deine Hände, deine Füße, du willst vielleicht ein wenig tiefer atmen, dich strecken. Bei der nächsten Stufe erinnerst du dich an den Raum, in dem du dich befindest, an den Tag, an die Uhrzeit.
>
> Noch drei Stufen … drei … du bewegst nun Hände und Füße … zwei … du streckst dich, räkelst dich … eins … du öffnest die Augen, bist wieder ganz im Hier und Jetzt, frisch und wach, gleichzeitig erholt und entspannt, mit neuem Lebensmut.

Natürlich braucht man nicht jede Reise auf diese ausführliche Weise zu beginnen und zu beenden. Wenn Sie geübt sind, dann genügt oft ein kurzer Impuls, ein rasches inneres Bild oder einfach die Vorstellung, dass Sie durch ein Tor in eine andere Welt gehen und von dort aus Ihre Reise beginnen. Halten Sie es einfach. Machen Sie es so, wie es Ihnen gerade dienlich ist.

Wenn Sie Schutz brauchen

Fühlen Sie sich manchmal viel zu verletzlich für diese Welt? Sitzen Sie manchmal im Büro oder stehen an der Kasse und haben das Gefühl, wie durchsichtig zu sein, viel zu bereit, die Energien all der Leute um Sie herum aufzusaugen? Dann hilft Ihnen sicher dieser Mantel aus Licht.

Er stärkt Sie, wenn Sie sich innerlich nicht stabil genug fühlen, um angemessen zu reagieren. Besonders in den sehr empfindsamen »Tagen vor den Tagen« und dann, wenn Sie sich intensiv mit den Problemen anderer Menschen auseinandersetzen, ist dieser Schutzmantel eine wertvolle Hilfe.

Der Mantel aus Wolkenlicht

Mache es dir so bequem wie möglich, schließe die Augen, und erlaube dir zu träumen. Du entspannst dich mehr und mehr, wirst leichter und freier, friedlich und ruhig.

Du träumst dich in eine wundervolle Wolkenlandschaft hinein, alles ist weiß, glitzernd und strahlend. Vielleicht sind die Wolken auch rosa angehaucht, oder sie schimmern golden. Du beginnst jetzt schon, die unermessliche Freiheit, den Frieden und die Sanftheit dieser Wolkenwelt wahrzunehmen. Es ist die Welt der Engel; wenn du willst, dann darfst du nun auch wie ein Engel Flügel haben. Stelle dir einfach vor, sie wachsen aus deinem Herzen heraus. Stark und schön liegen sie nun auf deinem Rücken. Du kannst versuchen, sie ein wenig zu bewegen. Tiefe Freude durchströmt dich, während du das tust, und du wunderst dich vielleicht, dass du es kannst, dass du weißt, wie es geht.

Nun suche dir eine besonders schöne Wolke aus, es kann auch sein, dass dich eine anzieht, weil sie auf einmal aufstrahlt. Du kuschelst dich in diese Wolke hinein, sinkst tiefer und tiefer, fühlst dich gleichzeitig getragen und unterstützt. Weich, weiß und sehr sanft umhüllt sie dich, wie ein wundervoller Schutzmantel.

Du wirst noch ruhiger, du erlaubst dir, dich selbst zu spüren, tauchst ein in deinen inneren Raum des Friedens und der Harmonie. Die Kraft der Wolke beginnt, in dich hineinzuströmen, sie füllt dich aus und löst alles in dir auf, was dich belastet. Die Wolkenkraft versorgt dich mit Leichtigkeit, mit Frieden, mit tiefer Ruhe.

Das Licht wird glitzernd und weiß, dein Körper ist nun angefüllt mit diesem flimmernden, reinigenden und tief beruhigenden Licht. Deine Aura, deine Energiekörper sind ruhig und ausgeglichen; du spürst dich und das, was du wirklich willst, sehr deutlich.

Wie ein Mantel hüllt dich die Wolke ein, sie schützt und durchströmt dich gleichzeitig. Du wirst eins mit dieser Wolke, spürst nur noch Kraft, Frieden und Ruhe. Irgendwann kommt dir der Gedanke, diese Wolke in deinen Alltag mitzunehmen, und du bittest sie, dir etwas von ihrer Energie zu schenken. Sie zieht sich zusammen, wird immer kleiner und dichter, immer leuchtender und kraftvoller, bis sie als murmelkleiner Ball in deiner Hand liegt.

Du fühlst dich weiterhin sehr ruhig und friedlich, während du mit der Kugel in der Hand bewusst in den Raum zurückkehrst, in dem du dich befindest.

Du atmest ein paarmal tief durch, und du weißt, dass du ein Geschenk erhalten hast. Wann immer du willst, kannst du die Kugel bitten, zu dem Mantel aus weißem Wolkenlicht zu werden. Egal, wo du dich befindest und was du tust, die Wolke wird dir mit ihrer Kraft, ihrer Ruhe und ihrem Schutz zur Verfügung stehen.

Vielleicht magst du von nun an einen kleinen Mondstein als Symbol für diese Wolke in der Tasche tragen, vielleicht genügt es auch, wenn du weißt, dass dieser Lichtball immer bei dir ist.

Die goldene Acht

Nutzen Sie das innere Bild der goldenen Acht immer dann, wenn Sie heilerisch tätig sind oder wichtige Gespräche führen. Es hilft Ihnen dabei, innerlich bei sich zu bleiben und dem anderen seine Energie zu lassen. Selbst dann, wenn der andere gern bei Ihnen »unterschlüpfen« möchte, sind Sie sicher und geschützt. Die Acht ist ein energetisches Nein und zugleich ein kraftvolles Bindemittel. Sie erschaffen einen Raum der Liebe um sich und den anderen, ohne den eigenen Raum dabei aufzugeben. Ganz besonders wichtig und hilfreich ist diese Vorstellung der Acht, wenn Sie befürchten, dass Sie sich selbst aufgeben, wenn Sie mit einem bestimmten Menschen zusammen sind. Auch dann, wenn Sie am liebsten auf eine ungesunde, süchtige Weise ganz und gar mit ihm verschmelzen möchten, hilft Ihnen dieses innere Bild, bei sich zu bleiben, dem Sog standzuhalten und den eigenen Platz nicht zu verlassen.

Schließe die Augen, und schaue nach innen.

Du siehst nun dich und den anderen Menschen, wie er vor dir liegt, dir gegenübersitzt oder in welcher Situation auch immer du dich mit ihm befindest.

Jetzt stelle dir ein Lichtband vor. Vielleicht möchtest du auch einen strahlend goldenen Stift zur Hand nehmen oder dir eine Wunderkerze vorstellen. Beginne von dem Punkt aus, der zwischen euch liegt, eine goldene Acht zu malen, mit der Wunderkerze zu sprühen oder mit dem Band zu legen. Der Schnittpunkt dieser Acht ist genau zwischen euch, jeder erhält den gleichen Raum. Achte darauf, dass die Linie nicht unterbrochen wird, sondern dass du sie in einer fließenden Bewegung malst. Lasse die Linie so dick sein, dass du ein gutes Gefühl von Schutz bekommst.

Nun stelle dir vor, wie sie immer mehr zu leuchten und zu strahlen beginnt, kraftvoll und klar wird und deutlich hervortritt. Innerhalb dieser Acht seid ihr sicher, geschützt, und ihr bleibt selbstbestimmt. Während du nun auf die andere Person eingehst, dich mit ihr beschäftigst, denke immer wieder an diese Acht, und stelle sie dir so golden und stabil vor, wie es dir möglich ist. Fülle die entstandenen Kreise mit Licht, und achte besonders darauf, dass sich die Acht nicht verschiebt, sondern dass jeder den gleichen Raum behält. Wenn du die Begegnung beenden willst, dann lasse die Acht verschwinden, und stelle dir einen Lichtkreis um dich herum vor. Damit symbolisierst du die Trennung und stabilisierst deine eigene Energie.

Reinigung & Klarheit:

Befreien Sie sich von fremden Energien, Ansprüchen und Gefühlen

Kennen Sie das Gefühl, wie beschmutzt zu sein, wenn Sie Ärger hatten, sich mit vielen Menschen auseinandersetzen mussten oder in langweiligen, anstrengenden Meetings saßen? Gibt es Menschen in Ihrem Leben, die ihre viel zu hohen Erwartungen auf Sie projizieren, nach deren Pfeife Sie tanzen sollen? Haben Sie sich durch die Gefühlsausbrüche anderer beeinflussen lassen, haben Sie zu lange zugehört oder zu viel reden müssen? Sitzt die »Maske«, die Sie tragen müssen, so fest, dass Sie selbst nicht mehr wissen, wie Sie eigentlich darunter aussehen?

Nun, Sie fühlen sich vielleicht nicht nur beschmutzt, Sie sind es auf bestimmten Ebenen auch. Die Wasserfallmeditation können Sie genüsslich und langsam anwenden, aber auch rasch und blitzartig, wie eine Notfallmeditation.

Die Wasserfalldusche

Setze oder lege dich bequem hin, schließe deine Augen, lege vorher vielleicht Entspannungsmusik auf, und erlaube dir zu träumen.

Nimm deine Gefühle wahr, die Unruhe oder die Müdigkeit, und sinke dann tiefer und tiefer, hinein in deinen inneren Raum des Friedens und der Harmonie, hinein in den Raum, der unangetastet bleibt von oberflächlichen Energiezuständen. Du brauchst dabei nicht zu wissen, wie das funktioniert und wo dieser Raum ist, erlaube dir einfach hineinzusinken, indem du dich dafür entscheidest.

Du träumst ein bisschen, siehst einen Wald, hohe Bäume, Farne, Blumenteppiche und zartgrüne Lichtungen. Ein kleiner Weg windet sich durch den Wald, fast sieht es aus wie in einem Märchen.

In der Ferne hörst du ein Plätschern und Glucksen, und die Luft wird sehr belebend und frisch. Der Wald wird ein wenig dichter, dunkelgrün, moosige Felsen tauchen am Wegesrand auf, und die Luft wird feucht. Du atmest tief durch, fühlst dich jetzt schon sehr viel freier und reiner als noch vor wenigen Minuten. Nun ist das Plätschern ganz nah, es ist zu einem Rauschen angewachsen. Der Wald öffnet sich zu einer Lichtung … vor dir taucht der klarste Wasserfall auf, den du je gesehen hast. Wie ein Schleier aus funkelnden Kristallen strömt er über moosbewachsene Steine hinab. Ein riesiger Felsen teilt ihn in zwei Hälften. Unerschütterlich steht der Felsen da, während das Wasser um ihn herum in ein kleines Becken strömt und sprudelt. Eine Trauerweide neigt sich über das Wasser.

Du setzt dich, lehnst dich an den Stamm dieses Baumes und lässt dich von dem Tanz der Elemente in den Bann ziehen. Das Wasser strömt in immer neuen Formen und Farben über den Felsen, je nachdem, wie sich das stärker werdende Licht der Sonne darin verfängt. Es versprüht seine Gischt

und nährt damit das Moos auf dem Felsen. Das Zusammenspiel von Wasser, Licht, Erde und Luft ist so harmonisch, dass du dich noch tiefer entspannst.

Auf einmal entscheidest du dich, deine Kleidung auszuziehen und das Wasser am ganzen Körper zu spüren. Du legst dein Kleiderbündel an den Rand des Beckens und tauchst einen Fuß in das Wasser. Es hat genau die richtige Temperatur, es ist frisch und kühl, aber nicht kalt. Genau so, wie du es jetzt brauchst. Du steigst nun in das Becken hinein und hältst vorsichtig einen Arm unter das strömende Wasser. Es prasselt auf dich herab, dein Arm beginnt sofort, zu kribbeln und sich lebendig zu fühlen.

Nun stellst du dich ganz unter den Wasserfall, damit er alles von dir abwäscht, was du nicht mehr brauchst. Du wunderst dich vielleicht, wie viel Schmutz aus deinen Haaren strömt, von deinem Gesicht hinab, sogar aus deiner Nase und den Ohren.

Du erlaubst dem Wasser, deinen ganzen Körper zu reinigen, überall da, wo sich im Laufe des Tages Energie angesammelt hat, die da nicht hingehört. Wenn du zu viel hören musstest, dann wasche dir besonders sorgfältig die Ohren, lasse das Wasser tief in die Ohren hineinströmen, und nimm wahr, wie schmutzig es ist, wenn es wieder herausfließt. Es wäscht dir all die Worte und Informationen aus den Ohren, die nicht wichtig oder gut für dich sind. Wenn du zu viel gesehen hast, dann wasche dir besonders sorgfältig die Augen. Reinige alle Körperteile, die heute besonders strapaziert worden sind, lasse das Wasser hereinfließen und wieder hinausströmen, so lange, bis es klar und rein ist. Nimmst du die Frische und die Kraft wahr, die dadurch in dir entstehen?

Egal, wo du dich überfordert, verschmutzt und wie verklebt fühlst, unter diesem Wasserfall wirst du gereinigt, geheilt und mit vollkommen neuer Energie versorgt. Du kannst diesen Wasserfall besuchen, wann immer du möchtest.

Diese Reinigung kann, wenn du sie dringend brauchst, auch sehr rasch geschehen. Dazu stelle dir vor, dass das Wasser nicht nur außen am Körper entlangfließt, sondern auch durch dich hindurchströmt, durch die Zellen, durch die Organe, besonders durch das Herz und den Magen, ganz schnell, in einem Strom. Alles, was du in diesem Augenblick nicht mehr brauchst, wird sofort aus dir herausgespült, all die Energie, die du gegen deinen Willen aufgenommen hast, lässt du sofort wieder los.

Irgendwann hast du das Gefühl, sauber und rein zu sein. Du verlässt den Wasserfall, dankst ihm, wenn dir danach ist, und lässt dich von der strahlenden Sonne trocknen. Dann gehst du zu deinem Kleiderbündel und bemerkst, dass es sich verändert hat. Nun liegen da genau die Kleider, die deinem jetzigen Zustand entsprechen. Ziehe sie an, und spüre die neue Energie, die Reinheit!

Frei und unschuldig wie ein Kind tanzt du nun unbeschwert noch ein bisschen, bevor du zurückkommst in den Raum, in dem du dich befindest. Nimm dieses Gefühl von Freiheit und Reinheit mit in deinen Tag, genieße diesen Zustand, und nimm wahr, wie anders du dich fühlst. Vielleicht kommen dir sogar neue, ungewohnte Gedanken; Gedanken, die Freiheit und Kraft in sich tragen.

Erfolg, die du f. deinen neuen Job brauchst + alles was du sonst auf deinem Weg brauchen, liegt alles für dir

Die violette Flamme

Die violette Flamme ist eine sehr kraftvolle Technik, sie wirkt in allen Auraschichten. So wenden Sie sie nur an, wenn Sie hinterher Zeit haben, sich auszuruhen und zu tun, was Sie tun wollen. Sie wird St. Germain zugeordnet, dem Meister der Transformation. In diesen Text sind seine Klarheit und seine Kraft mit hineingewebt, so wundern Sie sich nicht, wenn Sie sich tatsächlich anders fühlen!

Du machst es dir so bequem wie möglich und schließt deine Augen.

Stelle dir eine Naturlandschaft vor. Diese Landschaft ist gesünder und schöner als alles, was du bisher gesehen hast. Du weißt auf einmal, dass sie zu einer anderen Erde gehört, einer Erde, auf der die Gesetze von Liebe, Fülle, Wahrhaftigkeit und Freude herrschen und wirksam sind.

Ein hohes geistiges Wesen empfängt dich, ein Engel vielleicht, oder ein Mensch, dem du ansiehst, dass er in Liebe und Erfüllung lebt. Vielleicht ist es auch ein ganz anderes Geschöpf. Es bittet dich, wie an einer Art Garderobe alles abzugeben, was du von der alten Erde mitgebracht hast. Vielleicht bemerkst du nun an dir einen schweren Rucksack, einen alten Mantel, schwere Stiefel oder gar einen verrosteten Keuschheitsgürtel. Lege alles ab, und gib es dem Wesen. Schaue, was es mit den Dingen macht, vielleicht werden sie verbrannt, vielleicht verschwinden die Gegenstände einfach.

Nun wirst du zu einem Kraftort geführt, einem Ort, der dir vertraut erscheint, den du irgendwoher kennst. Ein großes Feuer brennt in einer riesigen Schale, aber es ist nicht rot und heiß, sondern kühl und violett. Die violetten Flammen schlagen hoch hinauf, sie leuchten in den verschiedensten Tönen, helles, zartes Lila am Rand bis hin zu dunklem, sakralem Violett in der Mitte der Flamme. Gebannt betrachtest du das Schauspiel dieses ungewöhnlichen Feuers.

Auf einmal kommt dir der Gedanke, in dieses Feuer hineinzusteigen. Du weißt nicht, warum, aber plötzlich ist diese Idee so dringend, erscheint dir so richtig, dass du dich überwindest und probeweise eine Hand in die Flammen hältst. Das Feuer fühlt sich seidig und kühl an. Du hörst ein tiefes Summen im Inneren der Flamme. Du betrittst mutig die Schale und lässt dich ganz von diesem Feuer einhüllen. Dein Körper scheint sich auf sehr angenehme Weise aufzulösen, er wird eins mit dem violetten Feuer. Du verschmilzt ganz und gar mit den Flammen, fühlst dich, als wärest du das Feuer selbst. Du nimmst die immense Kraft wahr, die klare, reine Kraft der Reinigung und echten Transformation, der echten Änderung.

Wenn du willst, dann erlaube jetzt einem Gedanken oder einem Gefühl, von dem du befreit werden möchtest, in dir aufzusteigen. Sieh, auf welche Weise sich dieser Energiezustand zeigt, vielleicht siehst du eine dunkle Stelle in dir, einen Kristall, der trüb geworden ist, vielleicht erscheint auch ein ganz anderes Bild.

Beobachte nun, ob diese Energie in der violetten Flamme aufgelöst wird. Wenn nicht, dann bitte das hohe geistige Wesen, das dich begleitet hat, diesen Stein, diesen Kristall, diese dunkle Stelle von dir zu nehmen. Vielleicht erkennst du, was damit geschieht, vielleicht auch nicht. Erlaube der violetten Flamme, die Stellen, die nun gereinigt sind, zu durchfächeln und mit neuer Kraft anzufüllen. Bleibe so lange in dem Feuer, bis du dich wirklich gereinigt und frei fühlst. Irgendwann verändern sich die Flammen, sie werden heller und heller, bis aus dem Feuer eine strahlend weiße Lichtfontäne geworden ist. Lasse das Licht in jede deiner Zellen sprühen, falls du deinen Körper noch wahrnimmst, falls nicht, dann verschmilz mit dem gleißenden, sprühenden, weißen Licht. Lasse dich von inneren Bildern tragen, träume ein bisschen, lasse dir deinen Schutzengel zeigen, den Engel, der du vielleicht selbst bist … Bleibe so lange auf dieser Ebene, wie es dir angenehm ist.

Nun bitte deinen Körper, sich in dieser Lichtfontäne zu manifestieren. Dazu verändert das Licht seine Frequenz, es bekommt vielleicht eine Farbe, oder es verliert ein wenig von seinem überirdischen Gleißen, damit dein Körper die Energie, die es ausstrahlt, aushalten kann. Mehr und mehr spürst du deinen Körper, fühlst, wie das Licht ihn durchströmt, wie er zu kribbeln beginnt; vielleicht zieht es auch an der ein oder anderen Stelle. Dort, wo du möglicherweise Schmerzen empfindest oder Beschwerden hast, fließt besonders viel Licht hin. Es heilt, reinigt und schenkt dir vollkommen neue Kraft, Kraft, die du so noch nie gespürt hast. Lasse es mehr und mehr zu, erlaube dir mehr und mehr, zurückzutreten und die Dinge geschehen zu lassen. Verweile hier so lange, wie es sich gut und richtig anfühlt, das kann je nach Tagesform sehr unterschiedlich sein.

Irgendwann beginnt das Bild, nach und nach zu verschwinden, aber die Energie des weißen Lichtes bleibt bei dir und wirkt wie ein homöopathisches Mittel weiter. Du kommst zurück in den Raum, in dem du dich befindest, nimmst die Geräusche des Raumes wahr, die Farben, du erinnerst dich an die Tageszeit. Du atmest tief durch, reckst und streckst dich. Irgendwann stehst du frisch und munter auf, voller neuer Kraft und Tatendrang, oder du ruhst dich aus, nimmst ein Bad und schläfst eine Weile.

Es ist Ihr Leben:

Meditationen zu innerer und äußerer Freiheit

Manchmal fühlen wir uns durch äußere Umstände nahezu handlungsunfähig. Wir können keinen Schritt machen und haben das Gefühl, wie ein erschrockenes Kaninchen bewegungslos in einer Ecke zu sitzen. Immer dann, wenn wir unsere Selbstbestimmung an andere abgegeben haben, immer, wenn wir die Verantwortung für unser Wohlbefinden nicht in die Hände der Liebe legen, sondern der Angst unterordnen, fühlen wir uns, als säßen wir in einem goldenen Käfig. Egal, in welcher Situation Sie gerade sind, es gibt immer einen Schritt, den Sie gehen können. Meistens sind wir nur nicht bereit, den Preis für eine Aktion zu zahlen, eventuell Angst zu spüren oder etwas zu riskieren. Wenn wir dagegen unsere Selbstbestimmung wieder in unsere Hände nehmen, kommt automatisch die Kraft, mit der wir den nächsten Schritt gehen können. Einem Schritt folgt dann der nächste. Wir trauen uns nur nicht, den Käfig zu verlassen, weil wir glauben, wir müssten den Berg, der vor uns liegt, auf einmal bewältigen. Bei den Anonymen Alkoholikern gibt es den Slogan »Nur für heute«. Nur für heute kann ich das erste Glas stehenlassen, nur für heute kann ich aufhören zu essen, wenn ich satt bin, und nur für heute kann ich mutig und stark sein und meinen Weg gehen, in so kleinen Schritten, wie es mir heute möglich ist.

Mit der Meditation »Die Flügel öffnen« bekommen Sie Ihre Selbstbestimmung zurück, die Meditation »Der goldene Käfig« ist sinnvoll, wenn Sie sich in einer schwierigen Situation gefangen fühlen.

Die Flügel öffnen

Wie immer machst du es dir so bequem, wie dir das heute möglich ist, und atmest vielleicht in den Bauch, wenn du das kannst. Wenn nicht, dann verfolge deinen Atem in Gedanken. Spüre, wie er in deinen Körper hereinströmt und wieder hinausfließt. Begleite deinen Atem in Gedanken in deinen Körper hinein und aus ihm heraus, ohne dabei zu kontrollieren, wohin er fließt.

Wenn du willst, dann stelle dir ein farbiges Licht vor, golden vielleicht, rosa oder irgendeine andere Farbe, die dir spontan in den Sinn kommt. Atme dieses Licht in dich ein, lasse es durch alle Zellen strömen, und lasse es los, wenn du es wieder ausatmest. Wenn du willst, dann stelle dir vor, wie beim Ausatmen all das aus dir hinausströmt, was du nicht mehr brauchst, als hätte das farbige Licht es aus deinen Zellen gelöst.

Du entspannst dich mehr und mehr und kommst mehr und mehr zur Ruhe.

Bitte deinen Schutzengel, dir zu erscheinen. Es ist egal, ob du an Engel glaubst oder nicht, stelle dir einfach vor, du hättest jetzt, in dieser Minute, einen Schutzengel an deiner Seite. Er hat große Flügel und leuchtet hell. Du fühlst dich sehr wohl und geborgen an seiner Seite, und er umarmt dich oder strahlt dich mit seinem Licht an. Nun bittet er dich, ihm deinen Rücken zu zeigen. Er berührt dich zwischen den Schulterblättern. Du spürst sofort, wie die Stelle warm wird, und du entspannst dich mehr und mehr.

Auf einmal bemerkst du, dass dir Flügel wachsen. Dein Schutzengel gibt dir sehr viel Kraft und Energie in deine Flügel hinein, sodass sie groß, strahlend und kräftig werden.

Du probierst nun, ob du sie öffnen kannst. Das ist ein bisschen ungewohnt, aber dein Schutzengel zeigt dir, wie es geht. Stelle dir ganz bildlich vor, wie du deine Flügel öffnest und schließt, so lange, bis du wirklich Wärme zwischen den Schulterblättern spürst oder bis du bemerkst, dass du sie in Gedanken sehr leicht bewegen kannst. Nimm wahr, welche Farbe sie haben, vielleicht verändern sie sich, während du sie bewegst. Immer mehr spürst du, dass es tatsächlich deine Flügel sind, die Flügel, die du abgegeben hast, als du auf die Erde kamst. Nun wird es Zeit, sie wieder in Empfang zu nehmen.

Stelle dir nun vor, du bewegst sie immer schneller, bis du ganz leicht vom Boden abheben kannst. Vielleicht genügt dazu auch ein intensiver Schlag. Spüre die Freiheit und die Freude, die in dir entstehen, fühle, wie du zugleich kraftvoller und innerlich weiter wirst. Du fliegst nun und spürst ganz deutlich deine Flügel. Du fühlst dich größer, energiegeladen, machtvoller und gleichzeitig von Liebe durchströmt.

Immer dann, wenn du dich von nun an gefangen fühlst, erinnere dich an deine Flügel. Du öffnest sie einige Male, um sie zu spüren, und dann nimmst du sofort wieder deine Kraft und Selbstbestimmung wahr. Du bist wie ein Engel auf Erden, in Kontakt mit der allumfassenden Schöpferkraft, und wenn du deine Flügel spürst, dann ist dir das auch bewusst. Dies ist deine Inkarnation, dein Leben, dein Weg. Du, und nur du, entscheidest, was du in deinem Leben haben willst und was nicht.

Nun komme langsam wieder zurück, lande sanft auf dem Boden, atme ein paarmal tief durch. Du brauchst deine Flügel nie wieder abzugeben, du darfst sie ab sofort behalten. Du weißt jetzt, dass du dennoch auf der Erde bleiben wirst.

Der goldene Käfig

Mache es dir ganz bequem, und entspanne dich. Du beginnst zu träumen, atmest ein paarmal tief durch und erlaubst dir, ganz und gar bei dir anzukommen.

Stelle dir einen goldenen Käfig vor. Du selbst sitzt in diesem Käfig, ja, du hast es dir sogar ziemlich gemütlich gemacht. Du spürst sehr deutlich die Gefühle in diesem Käfig, vielleicht ist es langweilig und du bist des Ganzen überdrüssig; vielleicht bist du unruhig und müde, aber vielleicht fühlst du dich gleichzeitig sicher und geborgen. Schaue, wie angenehm du dir den Käfig unterdessen eingerichtet hast! Bist du wirklich sicher, dass du ihn verlassen willst?

In dem Moment, in dem du dich dafür entscheidest, den Käfig zu verlassen, bemerkst du eine Tür. Du kannst sie ganz leicht öffnen, obwohl du sie vorher nicht wahrgenommen hast.

Sehr achtsam öffnest du also die Tür und nimmst ganz bewusst deine Gefühle wahr. Wie fühlt sich dein Körper an? Atmest du noch ruhig? Schlägt dein Herz schneller? Wie fühlst du dich? Erinnere dich daran, dass du den Käfig nicht zu verlassen brauchst. Erlaube dir einfach, die Tür zu öffnen.

Nach einer Weile streckst du vorsichtig ein Bein aus dem Käfig. Wieder nimmst du so deutlich wie möglich wahr, wie du dich fühlst. Nun wirst du mutiger, denn du weißt ja, dass du jederzeit in den Käfig zurückkehren kannst. Du schaust dich noch einmal im Käfig um, gibt es etwas, was du gern mit hinausnehmen möchtest? Einen Gegenstand, ein Symbol … alles, was dir ein Gefühl von Kraft und Stabilität gibt, nimmst du, wenn du das möchtest, mit nach draußen.

Du kletterst nun langsam Stück für Stück aus dem Käfig hinaus. Stelle dir vor, dass der Käfig in der freien Natur steht, in einer Landschaft, in der du dich vollkommen sicher und geborgen fühlen kannst. Nichts kann dir hier passieren,

denn alles ist friedlich und still. Jetzt kannst du den Käfig endgültig verlassen.

Du stehst auf einem kleinen, gewundenen Pfad, der vom Käfig in die Landschaft hineinführt. Du wagst es, ihn ein kleines Stück weit zu gehen. Auf einem Stein am Wegesrand liegt ein Geschenk für dich, es ist ein Symbol für die Kraft, die du brauchst, um den Weg weiterzugehen. Du nimmst das Geschenk dankbar an und spürst, wie dich diese Kraft mit einem Mal durchströmt. Auch ohne dass du weißt, wohin er dich führt, gehst du den kleinen Weg immer weiter.

Irgendwann verzweigt sich der Pfad. Ein Teil des Weges führt in einer weiten Schleife zurück zum Käfig, der andere biegt an einem großen Felsen um eine Kurve und verschwindet in einem lichten Wald. Wenn du diesen Weg gehst, wirst du den Käfig aus den Augen verlieren. Du bleibst stehen und atmest ein paarmal tief durch. Du spürst in dich hinein und fragst dich, was du willst.

Bist du bereit, den neuen Weg weiterzugehen, oder möchtest du lieber zum Käfig zurückkehren? Egal, wie du dich heute entscheidest, es steht dir immer frei, neu zu wählen. Für heute ist es genau richtig, so, wie du es brauchst und wie es dir dient.

Gehe nun den Weg weiter, den du dir ausgesucht hast, träume noch ein bisschen, und schaue, wohin er dich führt. Vielleicht gibt es ein Symbol, eine Ahnung, ein Bild, die dir auf diesem Weg begegnen?

Irgendwann lenkst du deine Aufmerksamkeit zurück in den Raum, in dem du dich befindest, du fühlst dich klar und ausgeruht. Wann immer du dich eingeengt fühlst, kannst du dieses innere Bild nutzen, um wieder frei zu werden.

Wenn Sie erschöpft sind:

Tanken Sie frische, neue Energie

Lieben Sie Springbrunnen? Hier ist eine kurze, aber sehr wirkungsvolle Technik, die Ihnen rasch neue Energie geben kann.

Immer wenn Sie sich müde, erschöpft und ausgebrannt fühlen, können Sie sie anwenden. Gleich fließen Ihre Gedanken wieder klarer, und Sie fühlen sich frischer.

Diese sehr rasche Meditation reinigt Sie von aktuellen Verschmutzungen, von dem, was gerade passiert. Für tief greifende Reinigungen nehmen Sie sich ein wenig mehr Zeit, sonst kommt Ihr Energiesystem durcheinander.

Die Wassersäule

Schließe die Augen, und erlaube dir, dich zu entspannen.

Stelle dir vor, du gehst durch ein Tor, betrittst eine zauberhafte Landschaft. Du gehst spazieren und findest auf einmal ein kleines, flaches Wasserbecken. Es ist natürlich entstanden oder von liebevoller Hand kunstvoll geformt – und es ist wie geschaffen für dich. Du ziehst deine Schuhe und Strümpfe aus und stellst dich mitten hinein in dieses Wasserbecken. Sicher und stabil trägt dich der Boden.

Das klarste, reinste Wasser, das du dir überhaupt nur vorstellen kannst, sprudelt aus dem Boden und umspielt deine Füße. Wie von Zauberhand öffnen sich deine Füße für das Wasser. Und auf einmal erkennst du, dass das ein ganz besonderes Wasser ist: Es ist das Wasser des Lebens. Es gibt dir alles, was du brauchst, du darfst dich ihm anvertrauen.

Das Wasser beginnt nun, rascher zu strömen, wie eine Fontäne sprüht es aus dem Boden und fließt in deinen Körper hinein. Rasch durchströmt es deine Beine, gibt ihnen neue Kraft, perlt in dein Becken, in deinen Bauchraum und füllt dich mit klarem, angenehm kühlem oder warmem Wasser voller Lichtkraft und Freude.

Es steigt höher, nimmt alles mit, was dich im Moment schwer und dunkel sein lässt, es füllt deinen Brustbereich und lässt dein Herz kraftvoll und regelmäßig schlagen. Das Wasser strömt deinen Nacken hinauf und deine Schultern hinunter, wäscht die momentanen Störungen in deinem Energiesystem aus dir hinaus. Es reinigt dich von Müdigkeit, Stress, Anspannung und Ärger und schenkt dir neue Lebendigkeit und Kraft für deine Aufgaben.

Jetzt sprudelt es wie eine Wassersäule in deinen Kopf, entspannt deine Stirn, lässt dich klar und frei denken, reinigt dich von all den Gedankenspinnweben, die sich angesammelt haben. Das Wasser sprüht nun aus deinem

Scheitel hinaus, du nimmst wahr, wie schmutzig es ist, doch es wird immer klarer. Nach wenigen Augenblicken quillt es kristallklar und rein aus dir hinaus.

Du bist nun vollkommen durchströmt und angefüllt mit reinem, frischem und gesundem Wasser. Es fließt an deinem Körper entlang wieder nach unten in die Erde hinein und nimmt alles mit, was dich im Moment schwer sein lässt. Das Wasser fließt mit all dem, was du loslassen konntest, einfach in die Erde. Dort werden die Verunreinigungen verwandelt und als Energiespender genutzt. Irgendwann fühlst du dich klar und rein, und du entscheidest, das Becken zu verlassen.

Die Quelle sprudelt nur noch gemächlich, wenn du genug Lebendigkeit getankt hast, doch du weißt, dass sie dir jederzeit mit frischer, lebendiger Kraft zur Verfügung steht.

Danke dem Wasser, wenn du magst, bleibe noch ein wenig in der wunderschönen Natur, und komme dann durch dein Tor zurück in den Raum, in dem du dich befindest.

Nein sagen und Grenzen ziehen

Manchmal muss man einfach Nein sagen, sich abgrenzen und innerhalb der eigenen inneren vier Wände Kraft schöpfen. Egal, wie viel das Herz auch geben möchte, manchmal reicht die Kraft einfach nicht, und man muss sich um sich selbst kümmern. Das scheint für viele Menschen eine der schwierigsten Übungen überhaupt zu sein. Hier sind zwei innere Bilder, mit denen Sie zumindest auf energetischer Ebene Rückzugsmöglichkeiten finden.

Die Technik der Lichtsäule finden Sie in vielen Meditationsbüchern, weil es eine sehr kraftvolle, wirksame Art ist, sich mit Energie zu versorgen. In dieser Meditation schützen wir die Lichtsäule zusätzlich und schließen sie nach außen hin ab. Wo immer Sie gehen und stehen, wann immer Sie sich bedrängt fühlen – treten Sie ein in die Lichtsäule, schließen Sie hinter sich ab, und niemand wird Sie energetisch ausrauben oder attackieren können. (Ja, Sie haben die ausdrückliche Erlaubnis dazu. Jeder, wirklich jeder Mensch hat die Möglichkeit, sich Energie direkt aus dem geistigen Feld zu holen, wenn er das will, deshalb brauchen Sie nicht mehr für andere da zu sein, wenn es sich gut und richtig anfühlt.) Es ist sinnvoll, gerade dieses Bild öfter zu üben, denn es ist eine der leichtesten und wirkungsvollsten geistigen Schutzübungen.

Die Lichtsäule

Setze sich bequem hin, schließe deine Augen, und erlaube dir zu träumen.

Du befindest dich in einer natürlich gewachsene Landschaft. Vögel zwitschern, Blumen blühen, Wölkchen stehen am Himmel … Das Gras ist sehr grün, die Farben sind leuchtend, lebendig und voller Lebenskraft. Du spürst, wie sich in dir der Raum der Harmonie langsam zu öffnen beginnt, vielleicht seufzt du dabei auf, vielleicht entspannt sich dein Gesicht mehr und mehr.

Auf einmal, du weißt nicht, woher er kommt, spannt sich ein großer Regenbogen über diese Landschaft. Er vibriert vor lauter Energie; er leuchtet und strahlt, wie du es noch nie bei einem Regenbogen gesehen hast. Du kannst genau die Stellen erkennen, an denen er die Erde berührt, und du beginnst, dich ihm zu nähern.

Schon von Weitem spürst du seine unglaubliche Energie, seine Leuchtkraft und seine pure Lebenskraft. Du erkennst, an welchen Stellen die verschiedenen Farben ineinander übergehen, denn dort scheint besonders viel Energie zu fließen. Du möchtest dich mitten in diesen leuchtenden

Regenbogen hineinstellen. Du streckst probeweise eine Hand oder einen Fuß in sein reines, pulsierendes Licht. Sofort durchströmt dich mehr Kraft, als du je für möglich gehalten hast.

Du zögerst anfangs noch ein wenig, doch dann entscheidest du dich, mit dem ganzen Körper in diesen Regenbogen hineinzutauchen. Du trittst also mitten hinein in diese strahlende Säule aus Licht. Der Regenbogen verändert nun seine Form, er wird zu einer stabilen Lichtsäule, die bis ganz nach oben hinein in das Gottesbewusstsein reicht, bis in die Ebene, in der sich das ursprüngliche weiße Licht zum ersten Mal in die verschiedenen Strahlen teilt.

Spüre, in welcher Farbe du dich am wohlsten fühlst. Die Lichtsäule ist so groß, dass du entscheiden kannst, welche Energie dich heute durchströmen darf. Vielleicht möchtest du auch alle Farben durchprobieren. Tanze im Regenbogen, nimm alle Farben in dich auf, und spüre diese pure Kraft.

Wenn du es möchtest und das Gefühl hast, Schutz zu benötigen, dann stelle dir jetzt vor, dass sich eine dicke Glasscheibe um diese strahlende Lichtsäule legt. Es ist zentimeterdickes Panzerglas, vollkommen undurchdringlich und vielleicht sogar nach außen hin verspiegelt, damit du sicher und geschützt bist; niemand kann diesen Regenbogen, diese farbige Lichtsäule, jemals betreten, wenn du es nicht ausdrücklich erlaubst.

Vielleicht fühlt es sich noch besser an, wenn du einen dunklen Schutzfilm um die Lichtsäule legst oder einen Zaun ziehst – es kann alles sein, was dir Sicherheit und Schutz gibt. Vielleicht magst du auch ein paar Schutzengel bitten, außen Position zu beziehen – tue genau das, was dich sicher und geborgen sein lässt.

Irgendwann fühlst du dich endlich wieder bei dir angekommen, voller Kraft und stabil.

Komme nun mit deiner Aufmerksamkeit zurück in den Raum, in dem du dich befindest, nimm aber die Lichtsäule mit, und denke heute immer wieder an sie.

Der weiße Gartenzaun

Atme ein paarmal tief durch, entspanne dich, so gut dir das heute möglich ist, und erlaube dir, nichts mehr zu tun.

Alles, was dich jetzt noch beschäftigt, kannst du dir wie in ein kleines Päckchen verpackt vorstellen, du legst deine Gedanken und Gefühle hinein, verschnürst es fest und stellst es vor die Tür. Du gehörst jetzt ganz dir, dies ist deine Zeit.

Du beginnst, ein bisschen zu träumen und zu fantasieren. Vor deinem inneren Auge erscheint ein Haus. Ein Haus, das du schon kennst, ein Haus, das jetzt gerade entsteht, vielleicht ist es wunderschön, oder es ist eine windschiefe Kate. Schaue, wie es aussieht. Sind Türen und Fenster verschlossen, oder stehen sie offen? Sieht das Häuschen einladend aus, vielleicht sogar so einladend, dass jeder ein und aus geht, wie es ihm gerade gefällt? Welchen Eindruck macht es auf dich, möchtest du gern dort wohnen?

Nun tritt ein, schaue dich um. Wie fühlst du dich? Gibt es genug Raum und Licht? Ist es gemütlich oder ein wenig verwahrlost? Bevölkern auch hier Heerscharen von Menschen die Räume? Kannst du jemanden erkennen?

Es wird nun Zeit, ein bisschen darin aufzuräumen. So bitte zunächst alle Personen, das Haus zu verlassen. Es ist dein Haus, und du darfst entscheiden, wer dich besucht und wer nicht und wie lange derjenige bleibt. Wenn einige nicht gehen wollen, sage ihnen, sie sollen sich ihr eigenes Haus schaffen. Die meisten Leute wissen einfach nicht, dass sie selbst ein inneres Zuhause haben. Wenn du ihnen das erklärst, dann wirfst du sie nicht hinaus, sondern du schickst sie nach Hause, das ist etwas vollkommen anderes.

Nun bist du allein. Stelle dir einen Zauberstab vor, auf einmal hältst du ihn in der Hand. Du berührst nun das Haus überall dort, wo du es anders haben willst, sauber, gemütlich, hell, vielleicht größer, vielleicht auch kleiner und kuscheliger. Gehe durch alle Räume, auch in den Keller und auf den Dachboden. Überall nutzt du deinen Zauberstab, du richtest dich hier häuslich ein, machst es dir ganz bequem, schaffst dir dein eigenes inneres Zuhause. Nimm dir so viel Zeit dazu, wie du brauchst. Vielleicht möchtest du dir zunächst auch nur ein Zimmer einrichten. Vergiss die Küche nicht, vielleicht möchtest du einen offenen Kamin, und du brauchst sicher einen gemütlichen Sessel, Bücher, Blumen …

Nun verlasse das Haus, und schaue dir dein Grundstück an. Ist es schön angelegt, hast du einen Garten, oder ist alles platt getrampelt von all den Menschen, die ungehindert ein und aus gegangen sind? Nimm wieder den Zauberstab, und schaffe dir deinen Traumgarten. Vielleicht möchtest du einen Park, vielleicht einen kleinen Wald, vielleicht auch nur ein paar Blumen. Schöpfe es dir genau so, wie es für dich richtig ist.

Und nun kommt das Wichtigste: Zaubere dir einen schönen, großen, weißen Gartenzaun. Er hat ein Tor, das du hinter dir verschließen kannst, wenn du allein sein und nicht gestört werden möchtest. Der Zaun ist so hoch und stabil, dass du dich dahinter völlig sicher und geschützt fühlen kannst. Bringe an dem Tor eine Klingel und ein Namensschild an, damit jeder sieht, dass das Haus bewohnt ist. Niemand kann einfach kommen und gehen, wie er will. Jetzt muss jeder klingeln und warten, ob du ihm das Tor öffnen möchtest. Du hast das Recht, es nicht zu öffnen, wenn du nicht gestört werden willst. Dann hängst du einfach ein »Bitte nicht stören«-Schild an den Zaun.

Wenn du magst, dann schaue dir nun das Haus und den Zaun von außen an. Ist es so, wie du es dir gewünscht hast? Fühlst du dich nun sicher in diesem Haus? Ist es ein Haus, das du gern bewohnst und das dir entspricht?

Wie geht es dir jetzt? Hast du Schuldgefühle, weil du dir einen Zaun geschaffen hast? Vergiss nicht, dass jeder ein eigenes Haus hat, du brauchst niemandem Asyl zu gewähren. Erinnere ihn oder sie einfach daran, sich selbst eines zu bauen. Spüre die Ruhe und die Kraft, die dir dieser Zaun schenkt. Von nun an kannst du sofort die Tür hinter dir zumachen, wenn dir zu viele Menschen begegnen oder wenn jeder etwas von dir will. Auch wenn du spürst, dass du allzu bereitwillig »Hier« rufen möchtest, wenn es etwas zu tun gibt, hänge in Gedanken das »Bitte nicht stören«-Schild an den Zaun, und denke erst einmal in Ruhe nach, ob du wirklich helfen möchtest. Trinke eine Tasse Tee in deinem Haus, und nimm dir die Zeit zu spüren, was du wirklich bereit bist zu tun.

Es ist dein Leben. Jeder hat den gleichen Zugang zu der allumfassenden Lebensenergie, niemand braucht dich, außer vielleicht deine kleinen Kindern. Die Zeit und die Aufmerksamkeit, die du jemandem widmest, sind immer ein Geschenk, nichts, worauf jemand einen Anspruch hat.

Komme nun in aller Ruhe zurück in den Raum, in dem du dich befindest. Nimm die Stabilität und das Gefühl der Selbstbestimmung mit in deinen Alltag, und erinnere dich von nun an an diese Kraft.

Ihr kostbarstes Gut:

Ihre Gesundheit

Fällt es Ihnen auch so schwer, einfach einmal krank zu sein? Sorgen auch Sie nicht immer gut für sich und gehen arbeiten, obwohl Sie im Bett liegen sollten?

Daran kann ich leider nichts ändern, ich kann es sogar sehr gut verstehen, obwohl wir natürlich beide wissen, dass es nicht sehr liebevoll sich selbst gegenüber ist.

Darf ich Ihnen hier eine Meditation anbieten, die eine ähnliche Wirkung wie autogenes Training hat? Mit dem inneren Bild der goldenen Kugel können Sie, wann immer Sie daran denken, jede gewünschte Energie in Ihren Körper fließen lassen. Gesundheit, Gelassenheit, Frieden, Freude, Liebe.

Die goldene Kugel

Entspanne dich, atme tief durch, lehne dich zurück, und schließe die Augen.

In deiner Hand liegt ein kraftvoller, goldener Ball. Er leuchtet und strahlt mehr als alles, was du bisher gesehen hast. Gleich spürst du, wie warm und angenehm er sich anfühlt. Jetzt beginnt auch deine Hand, golden zu leuchten.

Du entscheidest nun, welche Energie dieser Ball haben soll. Vielleicht brauchst du Gesundheit, vielleicht aber auch etwas anderes, was dir guttut. Wenn du es nicht weißt, dann bitte deinen Schutzengel, die Kugel mit der Energie zu versorgen, die du jetzt brauchst. Dazu ist es nicht einmal nötig, dass du an deinen Schutzengel glaubst, bitte ihn einfach trotzdem darum.

Halte nun den goldenen Lichtball vor deinen Solarplexus, vor den Magen, und sieh, wie er in deinen Körper hineinströmt.

Jetzt befindet sich der goldene Lichtball in deinem Körper. Er füllt nun den Magen aus, vielleicht spürst du schon die Wärme. Wenn dein Magen ganz warm und golden ist, rollt der Ball weiter. Er rollt in deine Brust, in deinen Hals und in deine Arme. Du fühlst den Ball in jedem deiner Körperteile, auch im Kopf, am Rücken und in den Händen. Dann rollt er weiter den Bauch hinunter in die Beine und Füße. Überall dort, wo der Ball war, wird dein Körper leicht, warm und golden, er gibt dir neue Kraft und Energie. Jetzt lässt du den Ball dahin rollen, wo du Schmerzen hast oder dich nicht wohlfühlst.

Gleich fängt die goldene Kraft an, den schmerzenden Körperteil zu heilen und zu beruhigen. Es wird an den Stellen wärmer oder kühler, je nachdem, was dir angenehmer ist.

Dein Körper wird heller und leichter, die Farben verändern sich, und du beginnst, dich besser und besser zu fühlen. Der Ball wird ein bisschen größer und ein bisschen heller, er strahlt jetzt mit voller Kraft. Das ist sehr angenehm. Du spürst, wie du dich noch mehr entspannst und immer ruhiger wirst, vielleicht wirst du müde, vielleicht aber auch ein bisschen wacher, je nachdem, was im Moment besser für dich ist.

Nun bitte den Ball, zu der Körperstelle zu rollen, die seine Kraft am nötigsten braucht, dies funktioniert auch, wenn du selbst nicht genau weißt, wo das ist. Er rollt jetzt in den Körperteil, in dem du am meisten Kraft brauchst.

Kannst du spüren, wo das ist? Erlaube deinem Körper, den Ball zu rufen, und denke nicht darüber nach, ob der Ball auch an die richtige Stelle rollt. Dein Körper weiß besser als dein Verstand, was er braucht, denn um ihn geht es ja. Irgendwann ist dein ganzer Körper golden und warm. Jetzt kannst du den goldenen Ball wieder loslassen oder ihn im Körper behalten, je nachdem, was dir lieber ist. Wann immer du dich nicht gut fühlst, kannst du ihn bitten, in dich hineinzuströmen. Der Ball hat jedes Mal genau die Kraft und Energie, die du brauchst, selbst dann, wenn du nicht genau spürst, was das sein könnte.

Deine persönliche Medizin –

von Mutter Erde speziell für dich

Die folgende Meditation wirkt wie ein homöopathisches Mittel. Sie brauchen keinen Trägerstoff, um genau die Informationen zu bekommen, die Sie zur Heilung brauchen. Es genügt, sich zu öffnen und die Information in alle Zellen hineinfließen zu lassen. Seien Sie gespannt, was Mutter Erde für Sie zusammenbraut!

Es wäre wundervoll, wenn Ihnen jemand diese Meditationen vorlesen könnte. Vielleicht möchten Sie die Texte auf ein Band sprechen, damit Sie sie bei Bedarf zur Hand haben?

Wieder machst du es dir ganz bequem, entspannst dich, schließt die Augen.

> Vor deinem inneren Auge entsteht ein Tunnel, ein gut beleuchteter, leicht zu begehender Gang, der ins Erdinnere führt. Du fühlst dich sicher genug, diesen Gang zu betreten. Der Boden besteht aus festgestampfter Erde oder aus schönem, glattem Stein. In langen Kurven und Spiralen führt dich der Gang immer weiter in die Erde hinein, doch du fühlst dich weiterhin sicher und geschützt.

Ein sanftes Licht erhellt den Tunnel, sodass du entspannt und wie im Traum tiefer und tiefer unter die Erde gehen kannst. Das Licht wird rötlich und sehr warm, du fühlst dich, als kehrtest du in den Schoß einer liebenden Mutter zurück. Nun spürst du vielleicht ein kribbelndes Gefühl von Liebe und Lebendigkeit. Je näher du dem Erdinneren kommst, desto wohler und geborgener fühlst du dich.

Irgendwann weitet sich der Tunnel zu einer Höhle. Die Höhle sieht sehr gemütlich aus, warm und weich eingerichtet. Es gibt einen stabilen Tisch aus Holz und solide wirkende Stühle. In der Mitte der Höhle brennt ein Feuer, über dem ein Kessel hängt, dessen Inhalt leise vor sich hin brodelt.

Eine sehr gütig aussehende Frau kommt auf dich zu, und du weißt sofort: Das ist Gaia, das Wesen der Erde. Vielleicht wunderst du dich, dass sie wie ein Mensch aussieht, aber sie sagt, das sei ihre Gestalt, wenn sie Besuch von Menschen bekommt. Sie ist für jedes Lebewesen der Erde das, was es benötigt. Und für dich ist sie eine liebevolle Mutter. Sie schaut dich an, und du erzählst ihr, was dir fehlt und wie es dir geht. Wenn du nicht genau sagen kannst, was das ist, dann schaut sie dir sanft in die Augen und weiß es auch so.

Sie geht nun zu ihrem Kessel und beginnt, darin zu rühren. Sie schließt die Augen, und auf einmal erscheinen wie aus dem Nichts Kräuter, Edelsteine, Lichtfunken, Wurzeln und vielleicht auch die Lichtwesen von Pflanzen und Mineralien. Es entstehen sogar Farben oder bestimmte Symbole. Du beobachtest, wie all diese Zutaten ihre Energie in den Kessel hineinströmen lassen, vielleicht fallen sie tatsächlich in den Kessel, vielleicht siehst du aber auch, wie sie Lichtenergie und Lebenskraft abgeben. Alle Informationen, die dein Körper und dein Geist jetzt brauchen, um gesund zu werden, fließen hier zusammen. Die Schätze und Kräfte der Erde vereinen sich zu genau der Energie, die dir jetzt fehlt. Gaia summt, während sie rührt. Du spürst, dass dieser Ton alle Energien zu einer einzigen für dich genau jetzt wichtigen Information vereint.

Irgendwann scheint dieser Prozess abgeschlossen zu sein, denn sie hört auf zu rühren. Sie fragt dich, auf welche Weise du ihre Medizin zu dir nehmen willst. Du kannst sie trinken, vielleicht magst du auch eine kleine Pille bekommen oder gar eine Spritze. Es kann sein, dass es genügt, wenn sie dir die Information in deine Aura fächelt, aber wahrscheinlicher ist es, dass du sie körperlich zu dir nehmen musst. Schaue einfach, was du beobachtest. Es ist genau richtig, denn dein Körper weiß genau, was er braucht.

Sie gibt dir nun die Medizin auf die für dich heute richtige Weise. Vielleicht spürst du, wie dich bereits Kraft durchströmt, vielleicht wirst du erst recht müde oder spürst gar nichts. Sei dir sicher, dass die Information, die du zur Heilung brauchst, in dir angekommen ist und zu wirken beginnt.

Du bedankst dich bei Gaia und gibst ihr ein Geschenk. Sie nimmt es gern an und sagt, sie freue sich sehr, wenn die Menschen zu ihr kommen.

Dann verabschiedest du dich von ihr und gehst den Tunnel zurück. Es fällt dir sehr leicht, denn er scheint kürzer zu sein als beim Abstieg. Schon bald siehst du das Licht, das dir zeigt, dass du an der Erdoberfläche angekommen bist. Ruhe dich nun aus, erlaube der Erdmedizin zu wirken, und schlafe dich gesund!

Die Kraft der inneren Mitte:

Wie Sie Unsicherheit überwinden

Fühlen Sie sich manchmal überfordert? Natürlich sind wir alle unglaublich groß, stark und erwachsen, aber manchmal … Würden auch Sie sich ab und zu gern zurückziehen, können auch Sie nicht immer in Ihrer Kraft bleiben und angemessen reagieren? Immer wenn Sie sich unsicher fühlen, immer wenn Sie Ihre Mitte verlieren und zu viel auf Sie einstürmt, können Sie diese Meditation anwenden. Sie gibt Ihnen den Raum, erst einmal wieder zu sich zu kommen, die eigene Wahrheit zu spüren und innerlich ruhig zu werden. Es passiert so rasch, dass wir uns fühlen, als stünden wir neben uns. Energetisch ist es auch so, wir verlassen unsere Mitte und damit unsere Klarheit, unser tiefes Gefühl für das, was uns guttut und was uns schadet. Die erste Übung dient Ihrer geistigen Mitte, die zweite holt Sie zurück in Ihr Becken, in Ihr Harazentrum, in Ihre körperliche Mitte.

Diese Meditation hilft Ihnen dabei, sich innerlich zurückzuziehen.

Der sichere Raum

Teil eins: Lichtkraft

Mache es dir bequem, nimm dir ein bisschen Zeit, und erlaube dir zu träumen.

Du befindest dich auf eine große Wiese. Hier steht ein uralter, riesiger Baum, ein Baum, der dir schon beim Ansehen Sicherheit und Stärke vermittelt.

Du gehst zu dem Baum, lehnst dich an seinen Stamm, und auf einmal öffnet er sich für dich. Du befindest dich nun im Inneren des Baumes. Hier ist es ganz anders, als du erwartet hast, viel größer und heller. »Das ist ein besonderer Platz«, sagt eine tiefe, angenehme Stimme, »es ist ein magischer Schutzort. Ich sehe von außen nur aus wie ein Baum, damit niemand diesen Ort erkennt.« Du schaust dich dankbar um und fühlst dich bereits jetzt vollkommen sicher.

Eine Treppe führt dich nach oben, immer höher im Inneren des Baumes. Der Baum kommt dir nun vor wie eine Art Turm. Du fühlst dich sehr geborgen und weißt, dass dich hier niemand findet, es sei denn, du wünschst es.

Das Licht ist weich und wird immer heller, je weiter du nach oben kommst. Auf einmal stehst du in einem wunderschönen Zimmer. Es ist rund, und die Wände sind verglast, aber es ist so weit oben, dass niemand hineinschauen kann. Hier oben ist alles genau so, wie du es liebst.

In deinem Zimmer ist die Welt so, wie du sie siehst, hier gibt es alles, was du dir wünschst, und hier gelten deine Gesetze. Du spürst dich selbst, sehr deutlich in diesem Raum, hier lenkt dich nichts ab, hier bist du ganz allein mit dir und deiner Energie. Richte dir den Raum so ein, wie du es magst. Vielleicht gibt es hier einen Platz, an dem du liegen kannst, vielleicht gibt es bequeme Sitzgelegenheiten. Hier kannst du dich jederzeit ausruhen, Kraft schöpfen und dich zurückziehen, wo immer du dich gerade befindest.

Den Baum umgibt ein magischer Schutzschild. Durch ihn kann nichts hindurch, was nicht durch und durch liebevoll und gut ist, weder durch die Tür noch durch die Fenster.

Ruhe dich aus, solange du willst, verbringe einfach ein bisschen Zeit mit dir, und sei dir sicher, dass du dich in ein paar Minuten wieder viel besser spüren kannst.

Wenn du genug hast, dann verabschiede dich von dem Raum, danke dem Baum, und steige die Treppe wieder hinunter. Du bemerkst eine kleine Tür im Stamm, durch die du den Baum verlassen kannst.

Lehne dich noch einmal an seinen Stamm, nimm seine Kraft in dich auf, und komme dann mit deiner Aufmerksamkeit zurück in deinen Körper. Nimm die Stille, die Kraft und die Selbstverständlichkeit, mit der du deine Wahrheit spürst, mit in deinen Alltag!

Teil zwei: Wurzelkraft

Mache es dir bequem, nimm dir ein bisschen Zeit, und erlaube dir zu träumen.

Du befindest dich auf einer großen Wiese. Hier steht ein uralter, riesiger Baum, ein Baum, der dir schon beim Ansehen Sicherheit und Stärke vermittelt.

Du gehst zu dem Baum, lehnst dich an seinen Stamm, und auf einmal öffnet er sich für dich. Du befindest dich nun im Inneren des Baumes. Hier ist es ganz anders, als du erwartet hast, viel größer und heller. »Das ist ein besonderer Platz«, sagt eine tiefe, angenehme Stimme, »es ist ein magischer Schutzort. Ich sehe von außen nur aus wie ein Baum, damit niemand diesen Ort erkennt.«

Du schaust dich dankbar um und fühlst dich bereits jetzt vollkommen sicher.

Eine kleine Treppe führt dich nach unten in die Wurzeln des Baumes. Das Licht wird weicher und wärmer, und es riecht nach Erde und Moos. Du fühlst dich immer geerdeter und stabiler. Es wird noch wärmer, das ist dir sehr angenehm, denn die Wärme durchströmt dich und gibt dir Kraft. Auf einmal stehst du in einer Höhle, in der ein Feuer brennt, du weißt, du bist sicher und geschützt. Es ist ein magisches Feuer, es wärmt und heilt dich zugleich, es durchströmt dich mit liebevoller, mütterlicher Kraft.

Du fühlst dich sehr sicher in dieser Höhle, und du weißt, dass niemand dich hier finden kann. Hier unten ist alles ein bisschen anders; hier unten weißt du viel besser, was du willst und was gut für dich ist. Hier unten in deiner Höhle ist die Welt so, wie du sie siehst, und hier gibt es alles, was du dir wünschst. Du spürst deine Wahrheit viel deutlicher als sonst, hier stört dich niemand, und es wird nichts von dir erwartet. Hier darfst du ganz und gar so sein, wie du bist; hier brauchst du niemandem zu gefallen, hier brauchst du keine Masken zu tragen.

Um den Baum herum gibt es einen magischen Schutz. Es kann nichts hinein, was nicht durch und durch liebevoll und gut ist. In dieser Höhle bist du vollkommen sicher und geborgen, und das spürst du auch. Du kannst dich entspannen und aufatmen, hier kann dir nichts passieren.

Wenn du willst, dann kannst du mit dem Baum reden, er gibt dir vielleicht Antworten auf dringende Fragen. Er ist alt und weise wie ein väterlicher Ratgeber und Freund. Probiere es aus, stelle ihm eine Frage, und schaue, was geschieht. Vielleicht bekommst du ein Symbol, ein inneres Bild, einen Satz oder ein Wort von ihm. Vielleicht schwirrt dir auf einmal eine Melodie durch den Kopf, dann achte auf den Text des Liedes, er enthält vielleicht eine Schlüsselbotschaft.

Ruhe dich aus, solange du willst, verbringe einfach ein bisschen Zeit mit dir, und sei sicher, dass du dich in ein paar Minuten wieder viel besser spüren kannst.

Wenn du genug hast, dann verabschiede dich von dem Raum, danke dem Baum, und steige die Treppe wieder hinauf. Du bemerkst eine kleine Tür im Stamm, durch sie kannst du den Baum verlassen. Lehne dich noch einmal an seinen Stamm, nimm seine Kraft in dich auf, und komme dann mit deiner Aufmerksamkeit zurück in deinen Körper. Nimm die Stille, die Kraft und die Selbstverständlichkeit, mit der du deine Wahrheit spürst, mit in deinen Alltag!

Wenn Sie überfordert sind oder zu viel arbeiten:

Loslassen, was nicht zu Ihnen gehört

Fühlen Sie sich manchmal vollkommen überfordert? Haben Sie den Eindruck, dass Ihnen jeder nur noch mehr Arbeit aufhalst und dass Sie nicht mehr wissen, wo Ihnen der Kopf steht? Und spüren Sie, dass Sie genug davon haben?

Folgende Meditation rückt die Dinge wieder zurecht. Sie zeigt Ihnen, was Sie noch in Ihrem Leben haben wollen und was nicht. Sie können sie immer dann anwenden, wenn Ihnen alles zu viel wird, immer dann, wenn das Leben in seinen Ansprüchen maßlos zu werden droht.

Oder arbeiten Sie zu viel? Wozu tun wir das? Warum glauben wir, viel zu viel zu arbeiten, wäre eine Tugend? Und woher wissen wir eigentlich, was zu viel ist? Es sind nicht die Stunden, sondern Ihr täglicher Energiezustand, der entscheidet, wie viel Arbeit heute, nur heute, angemessen ist. Wenn Sie es dennoch nicht lassen können, weil Sie nicht wissen, wie, dann erlauben Sie sich, ab und zu abzutauchen und Kraft zu schöpfen. Verbringen Sie Zeit mit Delfinen, und lernen Sie von ihnen, denn sie gehören zu den klügsten Tieren dieser Erde!

Mit Bällen jonglieren

Setze oder lege dich bequem hin, schließe die Augen, und atme tief durch.

Vor deinem inneren Auge siehst du eine prachtvoll ausgestattete Varietébühne mit fantasievollen Stoffen und farbigen Lichtspots. Licht in deinen Lieblingsfarben fällt genau in die Mitte der Bühne, und du betrittst sie voller Vorfreude und Zuversicht. Du verneigst dich vor deinem Publikum und erhältst donnernden Applaus.

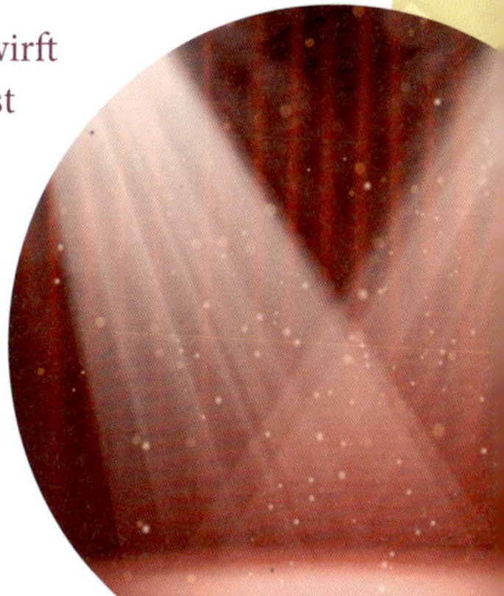

Du öffnest deine Hände. Ein Helfer wirft dir einen goldenen Ball zu, du fängst ihn geschickt auf. Er fühlt sich sehr gut in deiner Hand an; er ist dir vertraut und in diesem Moment genau richtig für dich. Dein Helfer wirft dir den nächsten Ball zu, und du beginnst, gekonnt und sicher mit den beiden Bällen zu jonglieren. Es macht dir großen Spaß. Die Bälle glitzern im Licht, und du weißt genau, was du zu tun hast. Du schaust zu deinem Helfer, er wirft dir den nächsten Ball zu. Auch dieser fühlt sich vertraut an, nicht zu schwer und nicht zu leicht, immer noch genau richtig. Du wirfst auch ihn in die Luft und jonglierst nun mit drei Bällen. Nach einer Weile wird dir das ein bisschen zu langweilig, und du forderst mit einem Blick den nächsten Ball an.

Dann den nächsten und den nächsten und den nächsten. Nun ist das Jonglieren schon richtig anstrengend, du verlierst den Überblick und weißt nicht mehr, was du eigentlich tust. Du hältst die Bälle nur noch irgendwie in der Luft. Aus allen Richtungen fliegen nun weitere Bälle auf dich zu, sogar aus dem Publikum, und du versuchst, sie aufzufangen und in der Luft zu halten.

Du wirst sehr unruhig, und die altbekannte Angst, überfordert zu sein, steigt in dir hoch. Du spürst, dass es zu viel ist, du denkst, dass du es nicht schaffen kannst, aber du bemühst dich mehr und mehr.

Doch dann wechselt das Licht auf einmal. Weiches, goldenes Licht fließt nun zu dir herab; es ist kein Spot mehr, sondern eine Säule aus Licht, ein sehr beruhigender und heilsamer Lichtstrom, der dich besänftigt und dich tief entspannt.

Du hältst inne und lässt alle Bälle zu Boden fallen. Nun erkennst du, dass nicht alle Bälle golden glitzern, manche haben auch andere Farben oder sind sogar stumpf und grau. Du atmest tief auf, als du erkennst, dass das gar nicht deine Bälle sind, die du da so angestrengt in der Luft gehalten hast. Du erlaubst dir, in der Lichtsäule Kraft zu tanken und dich ganz und gar von diesem weichen Licht durchströmen zu lassen.

Irgendwann nimmst du den ersten goldglitzernden Ball wieder auf, wirfst ihn probehalber hoch – und er beginnt zu schweben. Die Lichtsäule hält ihn, ohne dass du etwas dafür zu tun brauchst. Du nimmst auch die anderen Bälle, wirfst sie in die Luft – doch es sind nur die goldenen, die schwerelos werden, alle anderen fallen wieder zu Boden. Ganz deutlich spürst du auf einmal, wofür die Bälle stehen, die zu Boden gefallen sind. Du spürst jetzt ganz genau, welche deine Bälle, deine Angelegenheiten und deine Aufgaben sind und welche nicht. Erlaube dir, die Bälle nicht mehr aufzuheben, sondern kicke sie einfach aus dem Strom des Lichtes hinaus. Sie gehören nicht zu dir, du brauchst sie nicht in der Luft zu halten, es sind nicht deine Angelegenheiten.

Du beginnst nun, die Bälle, die in der Luft schweben, noch weiter nach oben zu werfen; du wirfst sie dir in komplizierten Mustern immer wieder zu und freust dich wie ein kleines Kind über die spannenden Kombinationen. Gerade weil die Lichtsäule die Bälle hält, wirst du sehr erfinderisch und wirfst die verrücktesten Figuren. Die Bälle fliegen immer höher hinauf, und immer kommen sie noch glitzernder, noch leuchtender zu dir zurück. Du genießt das Spiel mit deinen Möglichkeiten, solange du willst, dann kommst du bewusst zurück in den Raum, in dem du dich befindest, und öffnest deine Augen.

Mit Delfinen schwimmen

Du setzt oder legst dich bequem hin und erlaubst dir, zur Ruhe zu kommen. Es gibt nichts mehr zu tun, du darfst dir vorstellen, dass du alles, was dich jetzt noch belastet, in ein kleines Päckchen verpackst und vor die Tür stellst. Jetzt kannst du aufatmen und immer tiefer in den Entspannungszustand sinken; du darfst der Außenwelt erlauben, sich nun für eine Weile ohne dich weiterzudrehen.

Du richtest deine Aufmerksamkeit nach innen, auf deine Innenwelt, die Welt des Fühlens und deiner ureigenen Kraft. Es ist wichtig für dich, in deine eigenen Tiefen zu sinken, um Lebensenergie schöpfen und zur Ruhe kommen zu können. Hier, tief in dir, findest du die Kraft, mit der du deinen Alltag meisterst. Hier, tief in dir, begegnest du deiner eigenen Leichtigkeit, deiner Stille und deinem ganz eigenen Zauber.

Du träumst dich in eine zauberhafte Unterwasserlandschaft. Wie durch ein Wunder kannst du auch unter Wasser atmen. Tiefes Blau und kraftvolles Türkisgrün durchströmen dich augenblicklich, und es fällt dir sehr leicht, in deine eigene innere Tiefe hinabzutauchen. Die Sonne fällt in das Wasser und durchglitzert es sanft, gerade so, dass du dich sicher und geborgen, wie schwerelos fühlen kannst.

Dein Körper ist leicht und geschmeidig, so frei wie vielleicht nie zuvor. Du lässt dich einfach treiben, vorbei an bunten Korallen, an wunderschönen Seeanemonen, die sich in der Strömung wiegen. Bunte Fische schwimmen um dich herum, ein silbrig glitzernder Schwarm blinkt auf, wechselt die Richtung und verschwindet wieder. Du erkennst den Boden unter dir, in sanften Wellen breitet sich der weiße Sand vor dir aus.

Du sinkst tiefer, ganz leicht, berührst den sandigen Grund und spürst seine Festigkeit und Stabilität auch in dieser Landschaft. Schimmernde Muscheln liegen vor dir, sie sind geöffnet, denn sie wissen, dass du nur Zuschauer bist, nur wahrnimmst. Sie schimmern rosa und perlmuttfarben,

und sie erinnern dich an deine eigene Verletzlichkeit. Du denkst, dass auch du wie diese Muscheln Schalen hast, die du vielleicht viel zu fest verschließt.

Langsam öffnet sich nun die Muschel in dir, und du beginnst, ihr zartes Inneres zu spüren. Hier, in dieser fließenden, strömenden Landschaft, bist du mit allem, was in dir lebt und durch dich gelebt werden will, sicher und willkommen. Und es scheint fast so, als lächelten die Muscheln dir wissend zu.

Aus einiger Entfernung strömt nun eine Welle von Liebe und Freude auf dich zu. Dein Herz beginnt, sich zu weiten, und etwas in dir löst sich auf, ganz einfach; es wird von der türkisblauen Strömung fortgeschwemmt.

Es sind Delfine, die auf dich zuschwimmen, so, als wollten sie dich begrüßen. Ihre Körper gleiten wie schwerelos durch das Wasser, fast scheinen sie vor Freude, dich zu sehen, zu tanzen. Sie schwimmen um dich herum und nehmen dich in ihre Mitte. Du genießt ihre Anwesenheit, die Kraft, die von ihnen ausgeht, die Leichtigkeit und die tiefe Weisheit.

Ohne etwas zu tun, entspannst du dich mehr und mehr, du bist einfach bei ihnen und spürst ihre Lebenskraft. Ganz von allein steigert sich deine Lebensfreude. Ganz von allein strömen Leichtigkeit und Liebe in dich hinein, nur dadurch, dass du Zeit mit den Delfinen verbringst. Sie kommen dir

so nah, wie dir das angenehm ist, und wenn du es erlaubst, dann berühren sie dich sehr sanft. Alles geschieht genau so, wie es für dich am besten ist, selbst wenn du dir dessen nicht bewusst bist. Das kühle, angenehme Wasser umschmeichelt deinen ganzen Körper, und du entspannst dich immer mehr, lässt immer mehr los. Ganz wie von selbst entspannen sich dein Gesicht, dein Nacken und deine Zehen.

Die Delfine blubbern nun Luftblasen in das Wasser, wie Seifenblasen steigen sie auf, formen Figuren und Muster, Spiralen und Achten. Spielerisch und leicht sieht das aus, und auf einmal weitet sich dein Herz vor Glück.

Du weißt plötzlich, dass die Schöpfung aus reiner Freude geschah, dass alles, was auf dieser Erde lebt, aus purer Lebensfreude und Liebe geschaffen wurde. Die Delfine formen nun große Kreise aus Luftblasen und schwimmen hindurch. Es scheint fast so, als führten sie dir zu Ehren und zur Freude ein Theaterstück auf. Auf einmal wirken sie wie Seejungfrauen, geschmeidig, anmutig und wunderschön, frei und voller Vertrauen und Lebensfreude. Du fühlst dich verzaubert und glücklich, tief verbunden mit diesen Wesen und allem, was lebt. Die Delfine verabschieden sich von dir, indem sie dich in eine glitzernde Fontäne aus Luftblasen einhüllen, die dich am ganzen Körper kitzeln. Das ist sehr angenehm. Langsam schwimmen die Delfine weiter, tollen durch das Wasser und erfreuen und berühren das nächste Wesen mit ihrer reinen Liebe.

Du lässt dich weiter im Wasser treiben und dahin führen, wohin die Strömung dich trägt. Vielleicht verwandelst du dich selbst in ein Meereslebewesen, in eine Seejungfrau, in einen Wal, oder willst du spüren, wie es ist, ein Hai zu sein? Irgendwann wird das Sonnenlicht, das durch die Wasseroberfläche fällt, heller, das Wasser wird wärmer, und der Sandboden steigt an. Du erhebst dich und verlässt das türkisblaue Meer.

Tief entspannt atmest du auf. Dir wird bewusst, dass du die Dinge gelassener und leichter angehen kannst und dass auch du zum unendlich großen Meer des Lebens und der Möglichkeiten dazugehörst.

Du kommst nun zurück in deinen Körper, in den Raum, in dem du dich befindest. Du reckst und streckst dich ein bisschen, ruhst dich noch ein wenig aus oder öffnest deine Augen, fühlst dich frisch und munter, befreit und lebendig.

Im Zaubergarten des Inneren Kindes

Fantasiereisen in wunderbare Traumländer unternehmen, mit dem Schutzengel sprechen, mit Elfen, Engeln und Einhörnern spielen – all das kann Ihr Inneres Kind bereits, aber vielleicht kommt es bei all den Ansprüchen, die es im Alltag erfüllen muss, nicht mehr dazu. Das Innere Kind ist der Teil in uns, der sehr verletzlich, aber auch ungeheuer kreativ und unbestechlich ist. Es verbindet uns mit dem Inneren unseres Herzens, mit unseren spirituellen Anteilen und mit dem Engel, der wir vielleicht in anderen Dimensionen sind. Das Innere Kind ist immer vollkommen arglos und voller Vertrauen. Es vertritt die reine Liebe, die Wahrhaftigkeit und all das, was Sie wirklich wollen. Das Innere Kind besitzt das Wissen um die Aufgabe Ihrer Seele, es ist magisch, spirituell verbunden und vergibt alles.

Und es ist häufig ungeheuer verletzt. Je schwerer es verletzt ist, umso lauter meldet es sich, pfuscht quasi in unsere Angelegenheiten hinein, wie es irdische Kinder auch tun. Es schreit, wenn es nicht genug Aufmerksamkeit bekommt, wird trotzig, unliebsam und quengelig. Oft meldet es sich, wenn wir etwas tun, was uns sowieso nicht gefällt. Immer wenn wir nicht an unsere Kraft und Selbstbestimmung angeschlossen sind, macht es sich bemerkbar, um geheilt zu werden.

Alles, was Ihr Inneres Kind braucht, ist Ihre Aufmerksamkeit und einen guten, heilsamen Platz in Ihrem Inneren. Hier ist eine Meditation, die Sie immer anwenden können, wenn Sie eine schwierige Aufgabe übernehmen müssen und dieses trotzige, weinerliche Gefühl in Ihnen hochkommt. Immer wenn wir überfordert sind und uns am liebsten wie ein Kind auf den Boden werfen würden, hat sich Ihr Inneres Kind in Aufgaben eingeklinkt, die mit ihm nichts zu tun haben.

Um Ihnen sein volles Potential zur Verfügung stellen zu können, braucht Ihr Inneres Kind einen sicheren Raum in Ihrem Inneren, einen Raum, in dem Sie ihm liebevoll begegnen können und in dem es kindgemäß und magisch zugeht. Was bietet sich dafür besser an als ein Zaubergarten?

Der Zaubergarten

Setze oder lege dich hin, schließe deine Augen, mache es dir so bequem wie möglich.

Vor deinem inneren Auge entsteht nun ein großes, schmiedeeisernes Tor, ein Tor, das so aussieht, als könnte es zu einem Schloss oder zu einem großen Herrenhaus gehören. Es ist in eine hohe Steinmauer eingelassen, über die du nicht schauen kannst. Die Mauer ist mit Efeu überrankt und wirkt nahezu unüberwindlich. Auch das Tor ist sehr sicher und stabil. Ein Wächter steht vor dem Tor, er schaut dich an und fragt nach deinem Begehr.

Du sagst ihm, dass du nicht weißt, warum du genau dort auf der Suche nach deinem Inneren Kind bist. Er sagt, er lasse dich ein, aber du müssest ihm ein Geschenk machen, ein Zeichen deiner Wahrhaftigkeit. Auf einmal hast du tatsächlich ein Geschenk für ihn in den Händen, ein Symbol, das die Liebe und Reinheit deiner Absichten deutlich macht. Der Wächter nimmt das Geschenk an und öffnet dir die Tor. Sofort erklingt eine zarte, liebliche Musik, und das Licht verändert sich. Auf dieser Seite der Mauer ist sie nicht mehr trutzig und schwer, sondern nur noch ein leichter Schleier aus farbigem Nebel.

Das Tor öffnet sich zu einer lichterfüllten Parklandschaft, aber was ist das für ein Park! Hier blühen die buntesten Blumen und wachsen die knorrigsten Bäume, ideal zum Klettern und Toben! Hier ist das Betreten des Rasens ausdrücklich erwünscht, und überall tummeln sich Kinder und Tiere, sogar Engel und Elfen schwirren durch die Luft. Die Kinder sind hier vollkommen versorgt, es gibt besondere Orte, an denen sie schlafen und essen können. Sie spielen mit den Tieren und fliegen mit den Engeln, sie pflücken die Blumen und tanzen mit den Elfen. Du gehst staunend und innerlich bewegt einen Pfad entlang, der dich tiefer in das Innere des Parks führt.

Dir wird immer wundersamer zumute, du spürst die Leichtigkeit und die Magie dieses Ortes, auch wenn du nicht genau sagen kannst, was ihn so magisch macht.

Nun gabelt sich der Weg. Vor dir liegt ein großer See. Hier schaukeln kleine Boote im Wasser, und Schwäne recken stolz ihre schönen Hälse. Ein Boot kommt genau auf dich zu und scheint dich einzuladen. Du verstehst die Sprache dieses Ortes, hier ist alles belebt und beseelt, selbst Gegenstände und sogar Steine.

Ohne lange zu zögern, steigst du in das Boot ein. Es scheint sich darüber zu freuen, denn es dreht sich einmal im Kreis, bevor es dich über den See trägt. Ein paar Schwäne begleiten dich aufgeregt schnatternd. Und auf einmal weißt du, sie

erzählen dir, dass du zu deinem Inneren Kind geführt wirst und dass es sehr gespannt darauf ist, dich zu sehen. Du bist aufgeregt und vielleicht sogar ein bisschen unsicher, aber auch das ist in Ordnung, das spürst du. Das Boot legt nun am anderen Ufer an, und du steigst aus.

Eine große Blumenwiese liegt vor dir. In einiger Entfernung bemerkst du ein Kind. Es sitzt einfach da, mitten im Gras, und schaut dich an. Langsam gehst du auf das Kind zu. Du beobachtest, wie es reagiert, ob es sich freut oder ob es eher ein wenig ängstlich oder misstrauisch ist.

Denke daran, dass es dich vielleicht nicht gut kennt, und nähere dich ihm in aller Achtsamkeit, wie einem scheuen Kätzchen. Irgendwann steht das Kind auf und geht auf dich zu, so, wie das für euch beide richtig ist.

Nun schaue selbst, was weiter geschieht, und folge dem, was sich für dich richtig anfühlt. Willst du das Kind einfach begrüßen, willst du es in den Arm nehmen? Willst du es bei seinem Namen rufen, bei dem Kosenamen, den du selbst als Kind hattest? Schaue einfach, was jetzt für euch beide gut ist. Vielleicht setzt du dich zu dem Kind ins Gras, vielleicht fragst du es, wie es ihm geht. Traue dem, was du nun spürst, es ist richtiger, als du denkst. Vielleicht wollt ihr auch ein wenig miteinander spielen. Bleibe so lange bei deinem Inneren Kind, wie du möchtest.

Irgendwann geht ihr gemeinsam zurück zum See, ein Boot bringt euch auf die andere Seite. Dein Inneres Kind begleitet dich zum großen Tor. Auch das Tor wirkt von dieser Seite aus sehr viel durchlässiger. Wenn du willst, dann kannst du deinem Inneren Kind ein Geschenk geben, vielleicht aber hat es auch etwas für dich. Versprich ihm, es von nun an sehr viel häufiger zu besuchen, und erkläre ihm, dass es dich in vielen deiner erwachsenen Angelegenheiten nicht unterstützen muss. Immer deutlicher spürst du den Zauber und die Kraft dieses Kindes, und wenn du eine Frage hast, dann kannst du sie ihm jetzt stellen. Sei sicher, gleich oder in den nächsten Tagen wirst du die Antwort bekommen. Vielleicht willst du dein Inneres Kind auch einfach fragen, was es braucht. Schaue, ob du es ihm geben kannst.

In deiner Zeit verabschiedest du dich von deinem Inneren Kind, du verlässt den Garten und bemerkst, dass der Wächter das Tor hinter dir fest verschließt. Beruhigt – denn du weißt nun, dass dein Inneres Kind sicher und geschützt ist – kommst du nun bewusst zurück in den Raum, in dem du dich befindest. Du atmest ein paarmal tief durch, bleibst noch einen Moment sitzen oder liegen und öffnest dann die Augen. Du fühlst dich frisch und munter und mit einer ganz neuen Kraft versorgt.

Innere Räume der Stille:

Gehen Sie in sich selbst spazieren

Es gibt auch in Ihnen einen Raum, in dem immer Frieden herrscht, egal, was passiert. Es ist ein Raum, der tiefer mit Ihrem Herzen verbunden ist als Ihre Gefühle, der näher mit Ihrem inneren Engel in Kontakt steht, als das Ihr Verstand je könnte. Diesen Raum kann man nicht herbeirufen, er ist ein Geschenk. Alles, was Sie dazu beitragen können, um diesen Raum zu erfahren, ist, still zu werden und in sich selbst spazieren zu gehen. Vielleicht verbirgt er sich am Rande des Seerosenteiches, hinter einem blühenden Rosenstrauch. Sie erkennen ihn erst, wenn Sie sich darin aufhalten. So lassen Sie sich selbst los, lassen Sie sich von diesem inneren Raum anziehen.

Der Duft der Rosen

Du setzt oder legst dich bequem hin, machst es dir so angenehm wie möglich und erlaubst dir, in deiner Zeit, jetzt oder in wenigen Augenblicken, die Augen zu schließen. Es gibt nun nichts mehr zu tun, du kannst dir erlauben, dich auszuruhen, die Gedanken fließen zu lassen, die Gefühle sein zu lassen, wie sie gerade sind.

Du tauchst tiefer hinab in deine innere Welt, das Tor zu deiner inneren Wahrnehmung öffnet sich ganz sachte, und du entspannst dich mehr und mehr. Du sagst dir leise Danke, Danke dafür, dass du dich so gut um dich kümmerst, dass du dir diese Zeit für dich nimmst und Kraft aus dem Raum der Stille in dir schöpfen willst.

Du erlaubst dir zu träumen …

Du träumst dich hinein in eine wundervolle Parklandschaft. Es ist sehr früh am Morgen, die Sonne ist noch nicht aufgegangen. Die Vögel beginnen gerade zu zwitschern, und der Mond steht noch hell am Himmel. Die letzten Sterne blinken, doch am Horizont kannst du den neuen Sommertag bereits erahnen. Hier wachsen riesige, sehr gepflegte Bäume mit gewaltigen Blätterdächern, die teilweise bis auf den Boden reichen. Eine große Rotbuche scheint dich zu rufen, du schiebst einige dicht belaubte Zweige zur Seite und trittst hinein in ihren zartgrünen Schutzraum. Die Rotbuche

hat einen riesigen Stamm, und die Wurzeln bieten dir eine bequeme Sitzgelegenheit. Du setzt dich hin und lehnst dich an den Stamm. Auf einmal spürst du, wie alles von dir abfällt, was dich bis jetzt noch belastet hat. Es ist, als würden die Wurzeln des Baumes alles Negative aufsaugen und in die Erde hineinfließen lassen. Du spürst förmlich, wie die Kraft des Baumes auch in dir zu wirken beginnt. Das ist ein ganz natürlicher Zustand, und es gibt nichts für dich zu tun, du lehnst einfach an dem Stamm und genießt seine Kraft und Stabilität.

Durch die Zweige hindurch beobachtest du, wie sich die Sonne langsam zeigt, zartrosa schiebt sie sich immer höher, bis du sie in ihrer vollen Pracht wahrnehmen kannst. Rote und rosa Streifen erscheinen am Himmel, und du bist auf einmal sehr glücklich, ein Teil dieser wundervollen, zauberhaften Natur zu sein, ein Teil der Erde, die sich dir in all ihrer Farbenpracht zeigt.

Du stehst auf und gehst weiter. Eine kleine schmiedeeiserne Pforte liegt nun vor dir, du öffnest sie und gehst hindurch. Saubere, geharkte Wege winden sich durch prachtvoll angelegte Rosenbeete. In allen Farben schimmern und leuchten die Rosen, einige sind bereits voll erblüht, andere beginnen gerade, sich zu öffnen.

Du nimmst den köstlichen Duft der Rosen wahr, und er berührt dich tief, weckt eine Sanftheit und Zartheit in dir, von der du vielleicht nicht einmal mehr weißt, dass sie in dir lebt. Du streichst über einige Blütenblätter und bist überrascht, wie kühl, fest und glatt sie sich anfühlen. Still und voller Glück über diese Schönheit gehst du den Weg weiter entlang und gelangst zu einem kleinen Pavillon.

Er ist vollkommen mit weißen Rosen überrankt, und du fühlst dich auf einmal wie in einem Märchen. Du atmest tief auf, ja, diese Schönheit gibt es auf der Erde, und du erinnerst dich daran, warum du hier bist und warum die Erde ein wundervoller Ort im Universum ist.

Der Teil in dir, der viel zu viel arbeitet und sich anstrengt, kommt auf einmal zur Ruhe und entspannt sich, du erlaubst dir, immer mehr von dieser Harmonie und Schönheit in dich aufzunehmen. Du spürst, dass die Natur bereits vollkommen ist, ohne dass du etwas hinzufügen musst, und auf einmal kommt dir der Gedanke, dass vielleicht auch du bereits viel vollkommener bist, als du das von dir annimmst. Tief aufatmend setzt du dich in einen kleinen Sessel, der im Pavillon steht. Es scheint, als hätte er nur auf dich gewartet. Es ist sehr still, du hörst nur die Vögel zwitschern, und die Luft ist erfüllt vom Duft der Rosen. Farben steigen vor deinem inneren Auge auf, die Farben der Rosen strömen in dich hinein, ihr Duft erfüllt jede deiner Zellen und weckt sehr sanft Kräfte in dir, von denen du bisher nichts gewusst hast. Das alles geschieht einfach so, nur dadurch, dass du da bist und den Duft der Rosen in dich aufnimmst.

Die liebevollen Naturwesen, die dich umgeben, erfüllen dich mit frischer Kraft und zupfen hier und da ein wenig deine Aura zurecht, ohne dass du es bemerkst und ohne dass du etwas dafür tun musst.

Ein sanfter Wind streicht durch deine Haare und schenkt dir einen Dufthauch. Einige kleine Vögel landen vor dir auf dem Boden und schauen dich mit schräg gelegten Köpfchen an. Sie beobachten dich genauso, wie du sie anschaust, sie scheinen dich in eurer gemeinsamen Welt zu begrüßen; dann fliegen sie weiter. Mehr und mehr fühlst du dich als Teil dieser wunderschönen Natur, nicht mehr nur wie ein Beobachter, sondern wie ein lebender, atmender, natürlicher Teil der Erde in all ihrer Fülle.

Du atmest noch einmal tief auf, und plötzlich weißt du, dass du wie diese Rosen bist, wie die Vögel, wie der riesige Baum, du bist ein vollkommener Ausdruck der natürlichen Schöpferkraft. Du bist vollkommen in deiner Form und in deinem Wesen, du bist genau richtig, so, wie die Erde und die Natur dich brauchen.

Glücklich schaust du dich noch einmal um, denn du bist dankbar dafür, zu diesem großartigen Ausdruck von Lebendigkeit und Schönheit gehören zu dürfen.

Tief entspannt und bewegt gehst du den Weg zurück. Die aufsteigende Sonne begleitet dich, und in dir regt sich eine ganz neue Kraft, die fließend ist, die sich natürlich und gut anfühlt.

In deiner Zeit kommst du nun zurück in deinen Körper, in den Raum, in dem du dich befindest. Du reckst und streckst dich vielleicht ein bisschen, ruhst dich noch ein wenig aus oder öffnest die Augen, fühlst dich frisch und munter, befreit und lebendig.

Der Seerosenteich

Du setzt oder legst dich bequem hin und erlaubst dir, zur Ruhe zu kommen. Es gibt nichts mehr zu tun, du darfst dir vorstellen, dass du alles, was dich jetzt noch belastet, in ein kleines Päckchen verpackst und vor die Tür stellst.

Jetzt kannst du aufatmen, tiefer und tiefer sinken, du darfst der Außenwelt erlauben, sich nun für eine Weile ohne dich weiterzudrehen. Du richtest deine Aufmerksamkeit nun nach innen, auf deine Innenwelt. Es ist wichtig für dich, in deine eigenen Tiefen zu sinken, um Kraft zu schöpfen und zur Ruhe zu kommen. Hier, tief in dir, findest du die Kraft, die dir hilft, deinen Alltag zu meistern.

Hier, tief in dir, begegnest du deiner eigenen Leichtigkeit, deiner Stille und deinem ganz eigenen Zauber.

Du atmest tief auf, ein Funken von Freude und Leichtigkeit steigt in dir auf, es gibt nichts mehr zu tun … Du träumst dich auf eine Blumenwiese. Wundervolle, bunte Blumen blühen, Schmetterlinge tanzen von Blüte zu Blüte. Vögel zwitschern, im Hintergrund plätschert ein kleiner Bach. Die Farben und der Duft der Wiesenblumen beleben dich.

Du beginnst, einen kleinen Pfad entlangzugehen, der sich durch die Blumenwiese windet. Knorrige, alte Obstbäume stehen am Wegesrand. Sie tragen reife Früchte, Äpfel, Birnen und Pflaumen. Wenn du magst, dann pflücke dir eine Frucht, beiße hinein, nimm ihre köstliche Frische wahr.

Fröhlich und eins mit dir und der Natur gehst du langsam weiter. Dein Weg führt nun an dem kleinen Bach entlang. Hinter jeder Biegung überrascht dich die Farbenpracht der Wiese aufs Neue. Dort wiegen sich blaue Glockenblumen, zartes Wiesenschaumkraut und Margeriten nicken mit ihren Köpfen. Das kraftvolle Gelb der Butterblumen wechselt ab mit dem leuchtenden Rot des Klatschmohns. Du spürst, wie du immer leichter und freier wirst, fast fühlst du dich wie ein glückliches Kind, unbeschwert und frei.

Der Weg führt dich nun über eine Waldlichtung, zartblaue Veilchen blühen im Moos. Du erlaubst der Stille und der Sanftheit der Natur, dein Herz zu berühren und dich zu öffnen, genau so, wie das jetzt für dich richtig ist und dir guttut. Du überquerst die Lichtung, verfolgst den Lauf des Baches – und bleibst auf einmal stehen.

Vor dir liegt ein spiegelglatter See. Weiße und rosa Seerosen blühen darauf, und der Himmel spiegelt sich im Wasser. Es herrscht Stille, vollkommene Ruhe. An der Stelle, an der der Bach in den See mündet, ist das Wasser noch bewegt, doch in der Mitte des Sees liegt er spiegelglatt und ruhig vor dir. Du kannst auf seiner Oberfläche jedes auch noch so kleine Wölkchen erkennen, die Bäume, die am Rand des Sees

stehen, die Vögel, die über ihn hinwegziehen. Es herrschen Stille und Frieden.

Du setzt dich leise an den Rand des Sees und erlaubst der Stille, dich zu umgeben. Unendliche Weite und Freiheit spiegeln sich in dem See, davon wird etwas in dir berührt und atmet auf. Es gibt nichts zu tun, und du erlaubst der Stille, dich noch tiefer zu entspannen. Die Seerosen sind voll erblüht, sie liegen offen vor dir und präsentieren sich in ihren zarten Farben. Beinahe kannst du Elfen darin erkennen. Das Blau des Himmels, das Rosa und Weiß der Seerosen, das Grün der Seerosenblätter und der Bäume verschmelzen zu einer Sinfonie von Weichheit, Zartheit und Freiheit. Du spürst den Frieden und die Stille, die Leichtigkeit und die Sanftheit der Natur und bist tief berührt.

Eine einzelne, etwas dunklere Wolke zieht über den See und wirft genau in der Mitte des Sees einen Schleier aus weichem Regen über ihn. Die Tropfen fallen auf die glatte Oberfläche und kräuseln sie, während der See an anderen Stellen weiterhin vollkommen ruhig daliegt. Es ist nur eine Frage deiner Aufmerksamkeit, ob du nun die ruhige oder die bewegte Oberfläche wahrnimmst …

Alles geschieht gleichzeitig, und du schaust zu. Die Sonne glitzert im weichen, sprühenden Regen, es scheint, als wäre er aus Diamanten gewirkt; in tausend Farben funkelt und strahlt der See. Du würdest dich nicht wundern, wenn Elfen und Feen in diesem wundervollen Kristallregen tanzten.

Kraftvoll und sanft zugleich strömen alle Farben des Regenbogens in dich ein, das Funkeln belebt dich und gibt dir genau die Kraft, die du jetzt brauchst. Irgendwann zieht die Wolke weiter, du bedankst dich still bei ihr, wenn du es möchtest. Du bleibst noch eine Weile sitzen und nimmst die Schönheit und Stille in dich auf.

Irgendwann gehst du den Weg zurück, vollkommen ruhig und erfüllt von der Harmonie und der Schönheit des Sees.

In deiner Zeit entscheidest du dich, nun mit dieser neuen Kraft zurückzukehren in den Raum, in dem du dich befindest. Du richtest deine Aufmerksamkeit auf deinen Körper und von da aus immer weiter nach außen, du nimmst die Geräusche wahr, die dich umgeben, reckst und streckst dich und atmest tief durch. Jetzt oder in wenigen Minuten bist du wieder vollkommen im Hier und Jetzt. Du fühlst dich entspannt, ruhig und friedlicher als zuvor, so, wie das jetzt für dich richtig ist.

Veränderung

Manchmal befindet man sich in Situationen, die man wirklich nicht mehr erleben will, aber man hat keine Ahnung, wie man damit umgehen könnte. Dann ist es Zeit, zunächst zu kapitulieren und die Bühne zu verlassen, auch wenn man noch nicht genau weiß, wie das neue Stück aussehen soll. Solange man jeden Abend den gleichen langweiligen Kram spielt, kommt man nicht dazu, ernsthaft darüber nachzudenken, wodurch man dieses Trauerspiel oder Gefühlsdrama ersetzen könnte.

Ein neues Drehbuch schreiben

Setze oder lege dich hin, und schließe deine Augen.

Stelle dir eine Bühne vor, sie kann toll ausgestattet oder sehr karg sein, je nachdem, wie es deinem aktuellen Gefühl entspricht.

Bitte einen weisen inneren Freund zu dir, einen inneren Teil, der besser als du über deinen Seelenplan Bescheid weiß. Das kann ein Idol sein, eine Göttin oder ein Gott, es kann ein Fabeltier sein oder ein Engel. Stelle dir einfach irgendjemanden vor, der einen größeren Überblick hat, egal, woran du glaubst oder nicht glaubst. Wenn du magst, dann bitte Mutter Natur oder den Schutzheiligen des Themas, um das es dir geht, in den Zuschauerraum.

Jetzt nehmt ihr beide im Zuschauerraum Platz, deine Rolle wird heute von der Zweitbesetzung gespielt. Der dunkelrote Samtvorhang öffnet sich … dein bevorzugtes Drama erscheint. Es stellt genau die Situation dar, die du am meisten hasst, in der du dich vollkommen hilflos fühlst.

Du schaust dir das Stück so lange an, wie du magst, vielleicht fällt dir schon die eine oder andere Verhaltensweise auf, die dir bislang entgangen ist.

Dein weiser Begleiter sagt dir, an welchen Stellen er dich gern unterstützen würde, er zeigt dir, wann du anders handeln dürftest. Fühle dich fest verbündet mit deiner führenden Kraft. So, als gingest du mit einer weisen Freundin oder einem liebevollen Freund ins Theater. Sachkundig und sehr

erfahren gibt dir diese Kraft Anregungen und zeigt dir, wo dein Drama ein bisschen langweilig und unerleuchtet ist. Ganz besonders deutlich erkennst du, welcher der nächste Schritt sein könnte, wo du dir vielleicht selbst im Weg stehst oder das Naheliegende nicht wahrnimmst.

Und irgendwann, wenn du merkst, es ist genug, das kann mitten im Stück oder auch erst am Ende sein, gibst du deinem Begleiter das Drehbuch in die Hand und bittest ihn, es zu überarbeiten. Nun schaue, was geschieht, vielleicht geht es in Flammen auf, oder es wird in einem dramatischen Ritual von dir genommen; vielleicht blättert deine höhere Macht auch nur darin herum und nimmt einen roten Stift zur Hand.

Fühle die Erleichterung. Du hast das Drehbuch aus der Hand gegeben, jetzt kann es nur noch besser werden.

Komm jetzt wieder langsam zurück in den Raum, in dem du dich befindest, atme noch einmal tief durch, und wisse, dass du einen wichtigen Schritt getan hast.

Den inneren Tiger reiten:

Die Kraft der Selbstbestimmung

Kennen Sie das Gefühl, völlig energielos und zu keiner Entscheidung fähig zu sein, wie abgeschnitten von der eigenen Kraft? Wahrscheinlich kennen Sie es nur zu gut, oder? Was wäre, wenn das ein Irrtum wäre? Was wäre, wenn wir uns nur deshalb kraftlos fühlten, weil wir unsere wahre Kraft und Unabhängigkeit gar nicht ertragen könnten? Vielleicht haben wir keine Kraft, weil wir Angst davor haben, dass uns unser Selbstbild um die Ohren fliegt, wenn wir unsere wahre Größe erst einmal zugelassen haben? Wir können kein Opfer mehr sein, wenn wir unsere wahre Größe kennengelernt haben, wir können uns dann nie wieder hinter unserer Schwäche verstecken. Wenn wir unsere Kraft zulassen, müssen wir Farbe bekennen und Verantwortung für unsere Entscheidungen übernehmen. Und wer möchte das schon?

Meistens fühlen wir uns schwach und müde, wenn es um Entscheidungen geht, die uns mit unserer Co-Abhängigkeit konfrontieren, mit unserer Angst, vom anderen nicht mehr geliebt oder geschätzt zu werden. Wir trauen uns nicht, unsere Tatkraft zu nutzen, wir haben Angst vor unserer Lebendigkeit, vor unserer Wut, vor unserer sexuellen Kraft. Vielleicht wird es Zeit, unsere wahre Kraft kennenzulernen. Immer dann, wenn wir uns kraftlos fühlen, gelähmt und unfähig, das, was wir in uns spüren, in die Tat umzusetzen, wird es Zeit, den inneren Tiger zu treffen.

Der Tiger der Kraft

Setze oder lege dich bequem hin, schließe die Augen, und erlaube dir, dich auszuruhen. Lasse bewusst alle Muskeln locker, vor allem die im Nacken, im Gesicht und an den Füßen.

Vor deinem inneren Auge entsteht nun ein dichter, dunkelgrüner Urwald. Riesige Orchideen wachsen hier, wunderschöne Pflanzen mit großen Blättern. Bunte Schmetterlinge und flirrende Kolibris tanzen von Blüte zu Blüte. Die Luft ist erfüllt vom feuchtwarmen Duft all dieser Blumen. Du bahnst dir deinen Weg durch dieses Dickicht und fühlst dich sehr abenteuerlustig. Staunend betrachtest du all die fremden Pflanzen und Tiere, dringst immer tiefer in diese grüne Fülle ein.

Auf einmal spürst du aus einiger Entfernung eine unbändige Welle von Kraft auf dich zukommen. Vielleicht bist du nun ein bisschen aufgeregt, aber du fühlst dich weiterhin sicher und geborgen. Irgendetwas zieht dich an und belebt dich. Die Kraft wird noch stärker, gerade so, dass du sie im Moment noch gut aushalten kannst.

Du bleibst in der Entfernung stehen, die jetzt richtig für dich ist. Du spürst die ungeheure Kraft so intensiv, wie du sie leicht in dich aufnehmen kannst. Wenn du dich sicher genug fühlst, dann gehe den Urwaldpfad weiter. Stärker und stärker wird die Energie. Jetzt spürst du sie auch körperlich, du nimmst genau wahr, wo sie in deinem Körper wirkt. Vielleicht schlägt dein Herz auf einmal schneller, vielleicht beginnt dein Körper zu kribbeln. Nun ist diese Kraft schon sehr nah gekommen. Du weißt plötzlich, dass du gleich dem Träger dieser Energie gegenüberstehen wirst, und bist ziemlich aufgeregt.

Es kracht im Urwald, Vögel flattern erschrocken auf – und vor dir steht ein riesiger Tiger, das kraftvollste Raubtier, das du dir überhaupt vorstellen kannst. Du bleibst wie angewurzelt stehen. Dein Herz klopft nun noch schneller, doch du spürst, dass dieser Tiger auf deiner Seite ist. Noch kannst du seine schier unendliche Kraft nicht fassen, sie überwältigt dich nahezu. Du bist fasziniert, und irgendetwas an diesem kraftvollen Tier zieht dich wie magisch an.

Der Tiger schaut auf, nur wenige Sekunden, dann senkt er den Blick wieder und wartet. Du beschließt, das Raubtier zu berühren. Vorsichtig streckst du eine Hand aus und legst sie sanft auf seinen Kopf. Der Tiger hält vollkommen still – und auf einmal überkommt dich eine so unbändige Lebensfreude und Liebe zu diesem Tier, dass du alle Vorsicht vergisst. Du weißt einfach, dass dieser Tiger für dich da sein und dich unterstützen will. Er hebt den Kopf und drückt sich gegen deine Hand. Du umarmst ihn, und auf einmal kugelt ihr gemeinsam auf dem Boden herum und spielt miteinander. Du spürst die sehr kraftvolle, aber beherrschte und äußerst achtsame Energie des Tigers, und du weißt, dass dir seine Kraft nie schaden wird. Mehr und mehr öffnest du dich, mehr und mehr erlaubst du der Energie des Tigers, in dich hineinzuströmen, so lange, bis du dich völlig eins mit ihm fühlst. Irgendwann habt ihr genug miteinander gespielt. Der Tiger legt sich auf den grünen Urwaldboden, und du schmiegst dich an ihn. Noch nie hast du dich so geborgen und sicher gefühlt. Du fragst den Tiger, ob er dir mit seiner Kraft zur Seite stehen will, und er schaut dich nur an. Das ist

meine Bestimmung, scheint er zu sagen, und du entspannst dich noch tiefer. Mit diesem Tiger an deiner Seite wirst du dich nie wieder als Opfer fühlen, das weißt du auf einmal. Du öffnest dich noch einmal für seine Kraft und erlaubst dir selbst, genau so viel in dich einströmen zu lassen, wie es jetzt richtig für dich und deinen Körper ist.

Irgendwann spürst du, dass es für diesen Moment genug ist. Du verabschiedest dich von deinem Tiger, und du weißt, dass er dir jederzeit mit seiner Kraft zur Seite steht. Wenn du willst, dann bitte ihn, auch dann zu kommen, wenn du wie gelähmt bist und ihn nicht rufen kannst. Bitte ihn, nicht nur dir, sondern auch deinem Schutzengel oder deinem höheren Selbst zu gehorchen. Denn manchmal brauchst du ihn vielleicht gerade dann, wenn du nicht mehr in der Lage bist, dich an ihn zu erinnern. Nun streichelst du ihm noch einmal über den Kopf, dann verlässt du den Urwald.

Der Wald versinkt vor deinem inneren Auge, du atmest tief durch und kommst langsam zurück ins Hier und Jetzt. Deine Aufmerksamkeit richtet sich auf deine Atmung, dann auf deinen Körper, auf die Unterlage, auf der du sitzt oder liegst. Du reckst oder streckst dich ein bisschen, öffnest die Augen und bist hellwach und voller lebendiger, selbstbestimmter Kraft.

Die Krone der Freiheit

Nachdem du es dir ganz bequem gemacht hast, entspannst du dich mehr und mehr. Du erlaubst dir, tiefer zu sinken, und beginnst zu träumen.

Da ist ein Fluss, glitzernd windet er sich in einiger Ferne durch die Natur. Du erkennst einen Landungssteg, ein kleines Boot liegt da, und es scheint, als warte es auf dich.

Ein wenig verwundert gehst du zu dem Landungssteg und steigst in das Boot ein, es fällt dir ganz leicht. Sachte schaukelt es auf den Wellen. Voller Vertrauen legst du dich in das Boot hinein, denn du weißt, dass der Fluss dich tragen wird. Es ist sehr bequem; das Boot ist ausgeschlagen mit weichen Polstern und Kissen in wunderbaren Farben. Es ist ein Boot wie für einen König oder eine Königin. Es leuchtet in Blau und Purpur. Ein goldener Baldachin hält die Sonnenstrahlen ab, sodass du dich im sanften Licht entspannen kannst. Das Boot wiegt dich sanft, während die Strömung es den Fluss hinunterträgt, und du entspannst dich noch tiefer. Das alles erscheint dir seltsam vertraut, und du genießt das Wiegen und das weiche Licht. Nach einer kleinen Weile legt das Boot an, und du steigst aus.

Du wirst von einem sehr liebevollen Wesen in Empfang genommen, es freut sich sehr, dich zu sehen, und heißt dich willkommen. Es führt dich zu einem Tempel oder einem Palast, und auf einmal weißt du, dass das dein eigener Palast, dein eigener Tempel ist. Er ist wunderschön und genau in den Farben errichtet, die du liebst. Du bist vielleicht ein wenig erstaunt, dass du einen eigenen Tempel, einen eigenen Palast besitzt, aber tief in dir fühlt es sich sehr vertraut an.

Du betrittst deinen Palast, deinen Tempel, und du erkennst ihn wieder. Glücklich schaust du dich um und fühlst dich wie zu Hause. Du spürst auf einmal, dass du hier zu Hause bist. Zwei weitere Wesen erscheinen und führen dich in einen wunderbar geschmückten Raum, sie bitten dich, deine Kleidung abzulegen. Eine sehr entspannende Reinigungszeremonie beginnt, die dir bekannt vorkommt. Du hast das alles bereits erlebt, und du bist glücklich, fühlst dich wohl und geborgen, alles, was passiert, ist richtig und gut.

Du wirst in ein wunderbar duftendes Bad geführt. Das warme, weiche Wasser wäscht alles aus dir heraus, was dir nicht mehr entspricht. Es scheint magisch zu sein, denn es umspült dich, und du spürst, wie du auch innerlich rein wirst. Du wirst gesalbt und mit duftenden Ölen massiert, bis dein ganzer Körper so entspannt ist wie noch nie zuvor. Auf einmal weißt du, dass das eine Vorbereitung auf ein ganz besonderes Ereignis ist, und du bist sehr gespannt und freudig erregt. Du hast schon so lange darauf gewartet, ohne zu wissen, was es sein könnte.

Du erhältst ein Gewand, das deine Seelenenergie genau ausdrückt, du spürst auf einmal deutlich wie nie zuvor, mit welcher Bestimmung du auf die Erde gekommen bist. Vielleicht ist es wie ein Elfen- oder Feengewand, vielleicht eher wie eine Rüstung, vielleicht fühlst du dich wie ein Engel, wie ein Krieger, kraftvoll und stark oder weich und hingebungsvoll. Es ist genau das richtige für dich.

Du wirst in einen anderen Raum geführt, der Fußboden ist wunderbar glatt und leuchtet in den schönsten Farben der edelsten Steine. Blau wie Saphire, rosa wie Rosenquarze, dunkelrot wie Rubine, durchscheinend wie die schönsten Diamanten. Die Steine bilden ein wunderbares Muster, das du bereits irgendwoher kennst. Du weißt genau, was zu tun ist, und du beginnst zu tanzen, es ist ein sehr kraftvoller oder ganz leichter Tanz. Er bringt dich sehr intensiv mit dir selbst in Kontakt. Du erlaubst deinem Körper, sich ganz und gar der Musik hinzugeben, und wieder fühlt es sich sehr vertraut an, als hättest du den Tanz lange geübt. Du tanzt das Muster auf dem glänzenden Fußboden.

Irgendwann beendest du den Tanz. Du bist jetzt ganz und gar bei dir, nimmst jede feine Regung in dir wahr und bist mit all dem Wissen deiner Seele verbunden.

Du wirst in den nächsten Raum geführt, es ist ein wunderbarer, reichgeschmückter Saal. Tausend Kerzen verbreiten goldenes Licht, ein roter Teppich liegt aus, der zu einem Thron führt. Es ist dein Thron, und du schreitest über den Teppich auf ihn zu. Du setzt dich auf den Thron. Ein gleißender Lichtstrahl erfüllt den Saal mit vibrierender Lebenskraft, und ein Wesen erscheint in dem Lichtstrahl. Du kennst es sehr genau. Es lächelt dich liebevoll und freudig an und sagt: »Willkommen in deinem Leben.« In den Händen hält es ein Samtkissen, darauf liegt eine wunderschöne Krone, die schönste, die du je gesehen hast. Sie ist wie für dich geschaffen, drückt genau die Kraft aus, die du tief in dir spürst. Das Wesen tritt auf dich zu, du neigst deinen Kopf, und das Wesen setzt dir die Krone auf. Kraft durchströmt dich, und du spürst, dass du in deinem Leben regieren darfst. Du allein bist der Herrscher oder die Herrscherin über dein Leben. Du bekommst die Krone der Selbstbestimmung zurück.

»Ich kröne dich zum König, zur Königin in deinem Leben«, sagt das Wesen. »Du darfst entscheiden, was du in deinem Leben haben willst und was nicht. Das ist dein Palast, dein Tempel, dein Leben auf der Erde, du hast es geschenkt bekommen, um es in Freiheit, Liebe und Freude zu feiern.«

Du spürst die Kraft, die dich durchströmt, Kraft, die aus der Krone in deinen Körper, in deinen Geist, in deine Seele fließt. Du weißt auf einmal, in welchen Bereichen du die Herrschaft über dein Leben wieder übernehmen darfst. Du weißt, was zu tun ist, und die Krone gibt dir die Kraft dazu. Du bist jetzt frei und kannst dein Leben selbstbestimmt und in Würde und Klarheit leben. Du siehst nun vor deinem inneren Auge eine Situation, in der du dich bislang vielleicht verleugnet hast. Doch nun trägst du die Krone, und du kannst anders entscheiden. Du nimmst wahr, was du tust, wenn du aus deiner Kraft heraus handelst. Die Krone gibt dir die Erlaubnis und die Kraft dazu.

Du bist glücklich, kannst in Würde und frei handeln, wie du willst, so, wie es deinem Wesen entspricht. Du erkennst, wie dies zum Wohle aller Beteiligten beiträgt, wie auch andere auf einmal freier werden und sagen, was sie zu sagen haben, tun, was sie tun wollen. Die Krone verbindet dich mit der Schöpferkraft, mit dem, was die göttliche Kraft gemeint hat, als sie dich schuf. Voller Freude, Klarheit und Leichtigkeit erhebst du dich von deinem Thron, du dankst dem Wesen, umarmst es, wenn du möchtest, dann verabschiedest du dich von ihm.

Du kommst nun zurück in den Raum, in dem du dich befindest, nimmst die Geräusche wahr, die dich umgeben, spürst deinen Atem und deinen Körper. Irgendwann öffnest du die Augen und bist frisch und munter.

Loslassen und um Hilfe bitten lernen:

Der Schlüssel zu echter Entwicklung

Wissen Sie in Ihrem Leben nicht mehr weiter? Fühlen Sie sich manchmal wie gelähmt, und vermeiden Sie unterdessen die Gedanken an jene Lebensthemen? Drängen Sie bestimmte Teile Ihrer inneren Wahrheit in den Schatten, weil Sie nicht wissen, wie Sie sich verwirklichen können? Oder stehen Sie vor einer Situation, zu der Ihnen schlicht nichts mehr einfällt?

Dann lernen Sie die ungeheure Zauberkraft des Loslassens kennen. Wenn wir in einem Bereich unseres Lebens nicht mehr weiterwissen, dann heißt das nur, dass wir mit den uns zur Verfügung stehenden bewussten Mitteln nicht weiterkommen. Das ist, als wollten Sie eine komplizierte handwerkliche Tätigkeit verrichten, aber Sie haben nur drei Werkzeuge zur Auswahl, die alle nicht dafür geeignet sind. Anstatt nun davon auszugehen, dass es keine Lösung gibt, fahren Sie in das »Geht nicht gibt's nicht«-Wunderland, in einen Baumarkt. Und Sie erkennen fasziniert, dass sich bereits jemand Gedanken um genau diese Situation gemacht hat. Glücklich kaufen Sie nun vielleicht ein sehr merkwürdig aussehendes Werkzeug, eines, dessen Funktion Sie niemals erahnt hätten. Doch es löst Ihr Problem, und Sie sind wieder ein Stück klüger und vertrauensvoller geworden.

Diese Meditation ist eine Art Baumarkt, sie ist die Eintrittspforte in eine Welt ganz neuer Ideen und Fähigkeiten, mit denen Sie den Weg über jeden inneren Abgrund finden, immer auf die Weise, die Ihnen möglich ist und die Sie wachsen und bewusster werden lässt.

Der Weg über den Abgrund

Nachdem du es dir ganz bequem gemacht hast, entspannst du dich mehr und mehr. Du erlaubst dir, tiefer zu sinken, und beginnst zu träumen.

Du gehst einen Weg entlang, der dich in eine unbekannte Gegend führt. Die Landschaft erscheint dir völlig fremd, sie fühlt sich weder vertraut an, noch hast du sie jemals zuvor gesehen. Vielleicht bist du gar nicht mehr auf dem Planeten Erde, sondern irgendwo im Weltall. Dennoch fühlst du dich sicher und geborgen, frei und unbeschwert.

Der Pfad windet sich in immer engeren Kurven durch die Landschaft. Und mit einem Mal stehst du vor einem Abgrund. Abrupt bleibst du stehen. Wie auch immer dieser Abgrund aussieht, wie auch immer er heißt: Du kennst das Gefühl, das sich jetzt in dir ausbreitet, sehr genau. Der Weg ist zu Ende, du weißt nicht weiter.

Du bleibst einen Moment lang stehen, schaust dich um, vielleicht gibt es ja eine Brücke oder eine Treppe, die man nehmen kann, um den Abgrund zu überwinden. Doch du kannst nichts erkennen. Lange Zeit suchst du, du spürst, es ist wichtig, auf die andere Seite zu gelangen. Vielleicht bist du aber auch sehr rasch erschöpft und gibst auf. Doch wie

lange auch immer du suchst: Irgendwann siehst du ein, dass es keinen Weg gibt. Du setzt dich an den Rand des Abgrundes und weißt nicht mehr weiter.

Auf einmal kommt dir der Gedanke, um Hilfe zu bitten. Du weißt nicht, wen du bitten könntest, und vielleicht kommt dir die Idee verrückt vor, aber sie drängt sich dir immer wieder auf. Um Hilfe bitten, denkst du vielleicht, aber wen? Oder was? Du entscheidest dich, es einfach auszuprobieren.

Du gehst also an den Rand des Abgrundes und sagst leise: »Ich brauche Hilfe.« Deine Stimme klingt wie ein Echo, sie trägt weit, und du hast das Gefühl, dass sie sich immer mehr verstärkt, sodass auch wirklich jeder diesen Hilferuf hört.

Auf einmal wird es hell am Horizont. Du erkennst ein Licht, vielleicht ist es ein Engel oder eine strahlend helle, liebevolle Hand. Augenblicklich durchströmt dich das Gefühl von Ruhe und Frieden.

Du bleibst stehen, erlaubst dem Licht, näher zu kommen, und nimmst wahr, was mit dir geschieht. Selbst wenn dein Verstand an dem zweifelt, was er sieht, bleibst du stehen und nimmst es weiterhin wahr. Das Licht kommt näher und näher, jetzt ist es ganz nah.

Und auf einmal kommt dir ein Gedanke, eine Idee. Dieses Licht erinnert dich an deine eigenen schöpferischen Kräfte, an deine eigenen Möglichkeiten. Du erinnerst dich auf einmal daran, dass du alles hast, was du brauchst, um über diesen Abgrund zu gelangen. Vielleicht stellst du plötzlich fest, dass du ein riesig großes Paar Flügel besitzt und einfach hinüberfliegen kannst. Oder du merkst, dass du eine Tasche dabeihast, in der sich eine Kletterausrüstung befindet. Vielleicht erinnerst du dich an ein Krafttier, das du kennst, und du rufst einen Adler oder einen Drachen, damit er dich über die Schlucht trägt. Möglicherweise erscheinen ein paar Helfer und bauen dir eine Brücke, oder ein Regenbogen legt sich über den Abgrund, um dir als Weg zu dienen.

Vielleicht aber spürst du auch, dass du nichts tun kannst, außer dich vertrauensvoll dem Licht zuzuwenden. Du gibst dich dem Licht mehr und mehr hin, wirst innerlich weiter und weiter. Dein Bewusstsein öffnet sich auf nie gekannte Weise, du selbst wirst heller und heller. Und auf einmal bist du eins mit diesem Licht. Du verschmilzt mit dem Strahlen und der Wärme, dieser unendlichen Sicherheit und Geborgenheit. Dennoch spürst du dich selbst sehr genau, du hast noch immer dein Bewusstsein. Du fühlst dich unendlich geborgen und sicher. Und irgendwie kommt dir das Gefühl sogar vertraut vor.

In dieses Licht eingehüllt denkst du dich auf die andere Seite, einfach so, du stellst dir vor, du seist bereits angekommen. Und sowie diese Vorstellung in dir auftaucht, wird sie auch schon Wirklichkeit.

Du hörst ein leises, sehr liebevolles Lachen in dem Licht. Du befindest dich nun tatsächlich auf der anderen Seite des Abgrundes. Das Licht verblasst, du nimmst wieder deinen Körper wahr und wirst wieder ganz und gar du selbst. Und nun erkennst du auch schon den Weg, den du weitergehen willst. Auch hier ist dir alles fremd, aber du bist stolz und glücklich, beinahe ein wenig aufgeregt, dass dich dein Weg in so spannende Gebiete führt. Du weißt jetzt, dass du, wann immer du nicht weiterkommst, um Hilfe bitten darfst. Du wirst immer Unterstützung bekommen, sei es, indem du getragen wirst, sei es, indem dir eine zündende Idee kommt.

Du gehst nun den Weg weiter, beginnst dabei aber, mit deiner Aufmerksamkeit in deinen physischen Körper zurückzukehren, denn er möchte Teil dieser Erfahrung sein. Auch wenn du dich jetzt wieder an den Raum erinnerst, in dem du dich befindest, auch wenn du jetzt tiefer atmest und dich vielleicht reckst und streckst, gehst du innerlich den Weg weiter und freust dich auf das Abenteuer deines Lebens!

Die Schwingen der Freiheit – die Heilung deiner Flügel

Du setzt oder legst dich bequem hin, erlaubst dir, zur Ruhe zu kommen. Es gibt nichts mehr zu tun. Du darfst dir vorstellen, alles, was dich jetzt noch belastet, in ein kleines Päckchen zu verpacken und vor die Tür zu stellen. Jetzt kannst du aufatmen, tiefer und tiefer sinken, du darfst der Außenwelt erlauben, sich nun für eine Weile ohne dich weiterzudrehen. Du richtest deine Aufmerksamkeit nach innen, auf deine Innenwelt. Es ist wichtig für dich, in deine eigenen Tiefen zu sinken, um Kraft zu schöpfen und zur Ruhe zu kommen. Hier, tief in dir, findest du die Kraft, mit der du deinen Alltag meisterst. Hier, tief in dir, begegnest du deiner eigenen Leichtigkeit, deiner Stille und deinem ganz eigenen Zauber.

Du atmest tief auf, ein Funken von Freude und Leichtigkeit steigt in dir auf, es gibt nichts mehr zu tun.

Eine Lichtsäule erscheint, du kennst sie schon. Du stellst dich in diese Lichtsäule hinein. Wie dunkler Rauch steigt nun alles auf, was dich schwer sein lässt. Du nimmst wahr, wie du leichter und leichter wirst. Auf einmal wirst du so leicht, dass du in der Lichtsäule zu schweben beginnst. Du steigst in Spiralen immer höher und höher. Das fühlt sich wundervoll an, die Lichtsäule trägt dich und durchströmt dich mit ihrem kraftvollen Licht. Auf einmal spürst du, dass du irgendwo angekommen bist. Der Raum öffnet sich, und du weißt, dass du in der Schwingung der Engel angekommen bist.

Du betrittst das Reich der Engel, auch wenn du noch nie hier warst und gar nicht weißt, wie es aussehen könnte. Vielleicht spürst du dieses Reich auch eher, als dass du es siehst. Es ist weit, frei, liebevoll und sehr luftig. Du weißt vielleicht gar nicht, warum du hier bist oder ob du berechtigt bist, hier zu sein. Doch sogleich wirst du auf die herzlichste Weise in Empfang genommen. Fast kommt es dir vor, als verneigten sich die Engel vor dir. Das verwundert dich, aber etwas in dir beginnt, sich zu erinnern. Warst du wirklich noch nie hier? Ein großer, dir irgendwie sehr vertraut erscheinender Engel tritt nun auf dich zu. Er verneigt sich nun tatsächlich, und plötzlich weißt du, warum er das tut. Du erinnerst dich, irgendwann einmal Teil dieser Engelgruppe gewesen zu sein, damals, lange bevor du dich bereit erklärt hast, deine Flügel abzugeben und ein Mensch zu werden. Vielleicht aber auch nicht, vielleicht verwundert dich diese ganze Prozedur noch immer sehr. Dennoch spürst du, dass hier etwas Wichtiges, sehr Heilsames auf dich wartet.

Der Engel führt dich in eine Art Krankenzimmer, einen wundervoll ausgestatteten Raum mit goldener Energie. Und nun erinnerst du dich. Deine Gefühle, dein Bauch und dein Herz kennen diesen Ort. Du warst schon sehr lange nicht mehr hier, und du atmest tief auf. Du weißt, dass du hier Heilung erfahren wirst.

Ein goldener Engel tritt nun auf dich zu, auch er begrüßt dich. Voller Mitgefühl schaut er dich an, und auf einmal bemerkst du, warum. Du erkennst, dass auch du Flügel auf dem Rücken trägst, aber wie sehen diese Flügel aus! Auf einmal wundert es dich nicht mehr, dass du vergessen hast, wie es ist zu fliegen. Mit diesen Flügeln ist das Fliegen nicht mehr möglich. Vielleicht beginnst du zu weinen, vielleicht bist du aber auch tief dankbar, hier und jetzt Hilfe zu erfahren. Der goldene Engel schaut sich deine Flügel an und streicht sehr liebevoll darüber. Er sagt dir, dass du von nun an gesunde, starke Flügel haben darfst, dass die Zeiten, in denen sich die Engel von ihren Flügeln trennten, um auf der Erde verankert zu bleiben, vorbei sind. Du weißt vielleicht nicht genau, was er meint, aber du spürst, dass ein Teil in dir es sehr wohl weiß. Dieser Teil beginnt nun, sich auszudehnen. Dein Bewusstsein erweitert sich, während der goldene Engel deine Flügel reinigt und richtet. Es kann sein, dass sie unterschiedlich groß sind, dann gibt er Energie hinein, damit sie wieder gleichmäßig werden. Vielleicht sind sie

von all den Erdenleben schmutzig geworden, dann reinigt er sie mit einer speziellen Flügelreinigungslotion. Vielleicht nimmst du auch nur eine beruhigende Wärme am Rücken wahr, ohne dass du siehst, was er tut. Du weißt einfach, dass alles gut wird und du angekommen, wieder zu Hause bist. Hier wirst du versorgt und bekommst die Erste Hilfe, auf die du vielleicht schon lange wartest. Während dir der Engel die Flügel richtet, erkennst du, auf welche Weise sie verbogen oder gebrochen waren. Du erkennst, in welchen Bereichen du nur deshalb tiefer und tiefer in die Erde hineinsinken und deine Erfahrungen machen konntest. Du weißt auf einmal, dass die gebrochenen Flügel ein Teil deines Weges auf der Erde waren und dass du wie einst Luzifer bewusst dein Licht abgegeben hast, um die Erde in all ihrer Dichte zu erfahren. Doch nun wird es Zeit, diese Flügel zu heilen, denn nun hast du beides: Füße, die fest mit Mutter Erde verwurzelt sind, und Flügel, die dich mit dem Engelreich verbinden.

Irgendwann spürst du, dass die Heilung deiner Flügel für heute abgeschlossen ist. Du bedankst dich bewegt bei dem goldenen Engel, und wieder verneigt er sich vor dir. Bevor du zur Erde zurückkehrst, fragt dich der große Engel, der dich in Empfang genommen hat, ob du der Erde ein Geschenk machen willst.

Du nickst, und er fragt dich, was du gern haben möchtest, was die Erde deiner Meinung nach braucht. Du seist der Engel, der sich am besten mit der Erde auskennt, sagt er, so sei es an dir zu entscheiden, was sie braucht. Du spürst in dich hinein und nimmst nun eine bestimmte Eigenschaft oder eine Energie wahr: Liebe, Vergebung, Mitgefühl oder etwas anders. Du sprichst es innerlich aus, und augenblicklich erscheint diese Energie in Form eines Symbols oder eines Lichtes. Du nimmst sie in beide Hände und verabschiedest dich. Du kennst nun den Weg, und deine Flügel tragen dich, so fällt dir der Abschied sehr leicht, denn in Wahrheit ist es ja keiner.

Du schwebst in der Lichtsäule langsam zur Erde zurück und übergibst ihr das Geschenk. Vielleicht verschmilzt das Licht einfach mit ihrer Aura, vielleicht legst du das Symbol auf den Boden. Die Erde zeigt dir, auf welche Weise sie das Geschenk erhalten will, und dankt dir mit einer wundervollen warmen Energie.

Glücklich und eins mit dir und deinem Engeldasein kehrst du nun in deinen Körper zurück. Augenblicklich wird er von diesem neuen Bewusstsein durchströmt, deine Zellen beginnen, die neuen Informationen umzusetzen, und ein Prozess der Veränderung nimmt seinen Anfang. Vielleicht kribbelt es auf einmal, oder du wirst müde, vielleicht wirst du auch hellwach und bist frisch und munter.

Zeit ist relativ – der Zeittunnel

Seit einigen Monaten habe ich eine ganz persönliche Weise gefunden, mit Zeit umzugehen. Zeit ist ja laut vielen klugen Menschen relativ – damit kann man doch arbeiten! Dieser Zeittunnel verschafft Ihnen einen zeitlosen Raum, eine Art Hyperraum, in dem die Zeit stillsteht. Allerdings funktioniert das nur, wenn Sie es für möglich halten, denn nur dann halten Sie sich selbst im zeitlosen Raum auf. Sobald Sie denken und zu zweifeln beginnen, unterliegen Sie wieder den niedriger schwingenden irdischen Gesetzen und damit auch der Zeit.

Die Zeitspanne, die Sie überbrücken können, ist also sehr abhängig davon, ab wann Sie sich selbst unter Druck setzen und die hohe Energie des Loslassens nicht mehr halten können.

Mein großer Vorteil ist, dass ich das ganze Raum-Zeit-Kontinuum sowieso nicht wirklich verstehe. Dadurch kann mein Verstand der Zeitmeditation nicht ernsthaft widersprechen, er hat schlicht keine Argumente! Und vielleicht gibt es auch gar keine.

Die folgende Übung habe ich von höheren Bewusstseinsebenen erhalten, als ich einmal völlig gestresst und unter Zeitdruck im Auto saß. Das war eine Situation, die ich wirklich nicht mehr erleben wollte – also bat ich um Hilfe.

Hier ist nun also der Zeittunnel. Es ist wirklich verblüffend, wie gut er funktioniert, solange man ihn für möglich hält.

> Stelle dir zwischen dem Ort, an dem du dich befindest, und dem Ort, an dem du ankommen möchtest, einen Tunnel vor, eine quer liegende, weiße Lichtsäule. Innerhalb dieses Tunnels gibt es keine Zeit, er ist eine Art Bewusstseins-Hyperraum, in dem andere Gesetze gelten.
>
> Stelle dir vor, wie du in diesen Tunnel eintauchst und die Zeit augenblicklich stillsteht oder zumindest erheblich langsamer wird. Du siehst dich vielleicht wie in Zeitlupe fliegen, wie in einem Vakuum langsam durch den Tunnel gleiten. Am Ende

des Tunnels steht eine Uhr, die du mit deiner gewünschten Ankunftszeit programmierst. Sei dabei realistisch, so, wie es dein Bewusstsein zulässt. Wenn du es nicht für möglich hältst, mithilfe des Tunnels pünktlich anzukommen, dann wird es auch nicht passieren. Dann programmiere eine Ankunftszeit, die du für machbar hältst.

Stelle dir dieses Bild während deiner Fahrt immer wieder vor, besonders wenn du doch in Stress und unter Zeitdruck gerätst. Atme immer wieder tief durch, und stelle dir dich in diesem Tunnel vor, egal, ob du gerade im Stau stehst oder die Fahrt zügig vorangeht. Natürlich achtest du dennoch auf den Verkehr.

Immer dann, wenn du in Anspannung gerätst, senkt sich deine Schwingung, und du unterliegst den Gesetzen der irdischen Zeit. So komme immer wieder zurück, komme mit deiner Aufmerksamkeit immer wieder in diesen entspannten, zeitlosen Raum, in dem dir alle Zeit der Welt zur Verfügung steht.

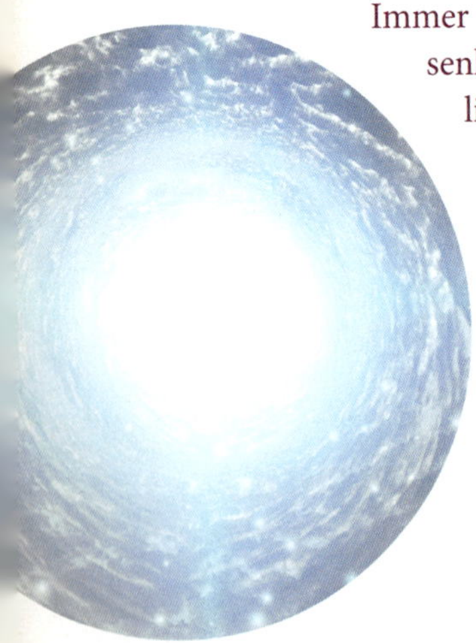

Natürlich darf dein Zeitdruck nicht zu groß sein. Gerade zu Beginn wirst du nicht mehr als fünf, vielleicht zehn Minuten für möglich halten. Auch dann, wenn du der Meinung bist, dass du es verdient hast, zu spät zu kommen, weil du getrödelt hast, wird das nicht klappen.

Der Zeittunnel ist ein Tunnel erweiterten, veränderten Bewusstseins, das dennoch erlaubt, im Außen wach und präsent zu bleiben. Das ist wie eine Meditation mit offenen Augen, während ein genügend großer Teil deiner Aufmerksamkeit wacher ist als vielleicht zuvor. Dieser Zeittunnel ist also absolut abhängig davon, in welchem energetischen Zustand du bist, dass du ihn für möglich hältst und dass du ihn dir erlaubst.

Dann aber können Wunder geschehen!

Nachwort

Liebe Leserin, lieber Leser, konnten Sie ein bisschen Ruhe und inneren Frieden für sich finden?

Ich wage nicht, zu hoffen, dass Sie mit allen Meditationen etwas anfangen können, dazu sind sie zu unterschiedlich. Ich hoffe aber sehr, dass Sie in dieser Fülle von inneren Bildern zwei oder drei finden, die Ihnen wirklich helfen, die Ihr Leben deutlich erleichtern, bereichern oder gar verändern!

So erlauben Sie mir nun, mich für heute von Ihnen zu verabschieden. Am Ende überlasse ich jemandem das Wort, der weitaus besser als ich ausdrücken kann, was ich Ihnen mit diesem Buch geben möchte:

Wenn du müde geworden bist vom Laufen
nach den Sternen, um den Menschen in der Nacht etwas Licht
zu bringen, dann setz dich in der Stille nieder
und lausche auf die Quelle.
Wenn du tief genug vordringst zum Kern der Dinge,
dann bekommst du Augen, um unsichtbare Dinge zu sehen,
und Ohren, um unhörbare Dinge zu hören.

Phil Bosmans

Über die Autorin

Susanne Hühn ist ausgebildete Lebensberaterin, ganzheitliche Physiotherapeutin und erfolgreiche Autorin spiritueller Selbsthilfebücher. Seit 1986 begleitet sie Menschen auf deren Weg zur Gesundung. Ihre mittlerweile in großer Zahl veröffentlichten Sachbücher und CDs gehören zu den Bestsellern des Schirner Verlags. Ihr Wissen vermittelt sie zudem in Vorträgen und Seminaren im In- und Ausland sowie in zahlreichen Online-Seminaren.

www.susannehuehn.de

Bildnachweis

www.shutterstock.com:

S. 1–144: rosa Blumen vor gelbem Hintergrund: # 161083583 (© wongwean), Borte mit Herzen: # 249216292 (© Krolja); S. 20/21, 48/49, 88/89, 126/127: # 304793339 (© Yuriy Kulik); S. 32/33, 58/59, 96/97: # 199354358 (© Don Pablo); S. 42/43, 76/77, 108/109: # 254553733 (© Number1411); S. 16: # 413005330 (© Chachamp); S. 19: # 361309193 (© saki80), # 106187423 (© R-studio); S. 24: # 460505092 (© Cocos.Bounty); S. 26: # 153294050 (© Mila Supinskaya Glashchenko); S. 29: # 314290115 (© Boris Ryaposov); S. 36: # 383191093 (© PsychoShadow); S. 39: # 77994649 (© whitehoune); S. 40: # 158626325 (© ksl); S. 46: # 514790317 (© Africa Studio); S. 52: # 155249486 (© TTstudio); S. 56: # 79161814 (© Jorge Salcedo); S. 62: # 437541241 (© megavic93); S. 67: # 536513143 (© SvitlanaNiko); S. 72: # 154692029 (© Elena Schweitzer); S. 74: # 124242172 (© totajla); S. 78: # 188152307 (© Lantica); S. 80: # 285011333 (© Phonlamai Photo); S. 84: # 413038909 (© Andrea Izzotti); S. 86: # 89433142 (© Willyam Bradberry); S. 94: # 380962366 (© FamVeld); S. 101: # 438921148 (© Vince Schmidt); S. 103: # 570100537 (© Oleksandr Kolesnyk); S. 106: # 80699617 (© Klagyivik Viktor); S. 111: # 165290138 (© Andrey_Kuzmin); S. 113: # 272057612 (© Fer Gregory); S. 117: # 426563923 (© Dennis van de Water); S. 119: # 268586531 (© dangdumrong); S. 122: # 426074680 (© Perfect Lazybones); S. 130: # 286799810 (© PHOTOCREO Michal Bednarek); S. 135: # 322341191 (© TungCheung); S. 136: # 100644574 (© holbox); S. 138: # 437087464 (© pim pic); S. 140: # 129491459 (© Bruce Rolff)